みんな幸せってどんな世界

共存学のすすめ

國學院大學経済学部教授
古沢 広祐

ほんの木

目次

第3部　文化と環境から未来を見とおす――多様性を手がかりに

はじめに

「世界がぜんたい幸福にならないうちは　個人の幸福はあり得ない」

この言葉は宮沢賢治の『農民芸術概論』の中の一文です。

この言葉は「自分だけは幸福であるのに対して他の人は不幸」という状況、あるいは逆に、「他の人は幸福なのに自分だけが不幸」というような状況についてどう考えるか、という問いかけでもあります。

賢治が示したのは、誰かの不幸を前提とするような状態では「幸せな世界」とは言えないということです。自分一人だけが幸せな世界は成り立たない、みんなが幸せを共有する状態こそめざすべき道ではないか、ということでしょう。賢治の言葉は、人間のあり方についての素朴な問いかけであり、その答えを彼なりの理想として率直に言い表したものだと思います。

しかしながら、現実の世界に身をおいて考えると、自分の幸福と他の人の幸福が矛盾なく両立する状態や、何が幸福で何が不幸かについてなど、そう簡単に答えが出せるものではありません。あらためて冷静に考えてみる必要がありそうです。

人間は一人だけで生きていくことはできません。私がいて、あなたがいて、世界は一人ひとり（おおぜいの私）から成り立っており、日々移ろいながら社会は形成されています。そこには、共感・協調だけでなく、競争心、優越感、ねたみ、差別意識などが伴い、さまざまな葛藤《かっとう》や軋轢《あつれき》を生みながら、喜びや悲しみとともに、ときには反発しあい、憎しみや怒りをぶつけあう世界を形づくってきました。

長い人類の歴史を振り返ってみても、生存競争では説明のつかないような激しい対立や抗争が繰り返されてきました。内戦や国をあげての戦争、大量殺戮《さつりく》（ジェノサイト）にいたるまで、無数の争いが起きてきました。そのたびに多数の尊い命が奪われ、憎しみや報復の連鎖が続きます。今現在も、各地でこうした事態が起きています。多数の兵器が存在し、人類を幾度でも全滅させるほどの核兵器まで生み出して、手放すことができないのが今の世界の現実です。

みんなが幸せに生きるという理想と現実との間には、過去から現在にいたるまで越えがたい溝が存在しているのです。そこには、身近な人を失った悲しみや不条理への憤り、耐えがたい苦痛や苦難に身もだえしてきた多くの人々がいます。そうした不幸を克服する手立てを見いだそうと、無数の人々がその溝を越える努力を積み重ね、賢治が言い表したような理想を追い求めて模索してきました。

現在、表向きには「平和と安定を理想とし、暴力や支配・従属を抑制する枠組み」を確立しようとする試みもあります。しかしながら、世界では、人を殺害する新兵器や、他国を従わせるための核兵器が開発され続けています。さらに地球規模に広がった環境汚染や野生生物の絶滅など、人間がもたらす破壊行為は急拡大しています。そして人間は自らの行動をコントロールできない状況にあります。

今、あらためて人間自身のあり方、広い意味の「他者との共存」という課題が、真剣に問われています。

キーワードは「共存」

私たちは長い進化の歴史を歩む過程で、独自の世界を形成しながら、近隣地域を超えて大規模かつ広大な地域を含む社会を構成してきました。自然に適応しながら働きかけ、道具を駆使して改変する力を一歩一歩拡大してきたのです。その力は、周辺環境から地球全体へ、そして今では地球から宇宙にまで拡張して、強大な影響力をおよぼしています。

そうした人類の歩みは、対立や抗争を経ながら、不安定で不確定な存在を何とか安定化させる道を進んできたかに見えます。しかしながら、私たちは自分たちの力がおよぼす影響や、引き起こされる事態への責任について、いまだ不十分な認識しかもてていないように思われます。

はたして人間は本当に進歩してきているのでしょうか。賢治が示した理想は実現可能なのでしょうか。私たちは、みんなが平和で幸せに暮らす世界を実現できるのでしょうか。

この本では、私たちの世界が抱えるいろいろな困った問題について、さまざまな角度から掘り下げて理解を深めます。そうして、みんなが幸せに生きる世界への道筋を探ってみたいと思います。

その際に、物事のとらえ方を、時間的にも空間的にもさまざまなスケールで拡大したり縮小したりして見ていきます。この見方は、私たち人間に備わっている特別な世界認識の能力で、いわば「魔法のメガネ」と言ってもよいでしょう。この魔法のメガネを通して、世界と自分の成り立ちを多角的にとらえ、再構築していくことに挑戦しましょう。

また本書では、複眼的にとらえる視点として「共存」に重きをおきます。

「共存」という考え方は、これまでキーワードとされることが多かった「共生」という理想よりも緩やかな概念です。本書が「共生」ではなく「共存」を軸にして考えるのには理由があります。それは、「共生」や「みんなが幸せであること」のように、全員が一つの価値観を共有することを理想とする世界は簡単には実現しないし、持続もしないと考えるからです。実際の世界で起きている出来事はもっと多様で複雑です。ですから他者や他文化を許容し、受け入れ、変化を強制しないという意味で、「共存」を考えたいのです。多様な考え方や価値観、存在のあり方を探って困難な問題を解決に導くには、「共存」を土台に考えることこそ意味があると思います。

あなたや私がともに生きるために、私たちの今を問い、社会や世界のあり方について複眼的に考えることで、簡単には答えが見つからないさまざまな問題に新たな光をあてることができるかもしれません。多様な見方を包みこむ「共存」という視点から、先行き不透明な現代世界をどう受けとめ、見通しを立てればよいか、ともに考えていきましょう。

序　章　テロと大震災が奪ったもの

歴史的な時間軸の中で現代を見た場合、20世紀末から21世紀初頭には、世界のあり方を変えるような歴史的画期となる事件が立て続けに起きました。

第2次大戦後、東西に分断されたドイツを隔てる象徴だったベルリンの壁が壊されたのは、1989年のことでした。その2年後の1991年、旧ソ連邦が崩壊し、戦後の東西冷戦構造が終わりました。翌92年、世界的な大イベントとして「地球サミット（国連環境開発会議）」がブラジルのリオデジャネイロで開催されました。当時は、冷戦下の核戦争の脅威から解放されて、先進国と途上国の経済格差を問う南北問題や、地球環境問題など人類共通の課題に取り組もうという熱気のようなものがありました。ふり返ると、「新しい地球市民社会」の到来を感じさせる時代でした。

しかしながら、その後の世界は2001年にニューヨークで「9・11同時多発テロ事件」

が起きて、テロとの戦争が声高に叫ばれ、アフガニスタン攻撃やイラク攻撃が引き起こされました。そして中東地域での政情不安と、ＩＳ（イスラム国）の出現、２０１１年から続くシリア内戦の激化やヨーロッパ諸国をめざす難民の急増問題に直面するようになりました。

日本においては、２０１１年3月11日の東日本大震災と巨大津波災害、福島第一原子力発電所事故による深刻な放射能汚染にみまわれ、広範囲にわたる地域から人々が避難する事態となりました。いずれの出来事も私たちの想像を超えた事態として現在もその影響が続いています。また昨今は巨大台風や洪水被害などの異常気象も頻発しており、かつて思い描かれたような人類のバラ色の繁栄といったような楽観的期待感は、影をひそめてしまいました。

今日、私たちは再び激動の時代に突入していくのではないか、という予感さえ感じ始めています。国家間レベルの動き、各国内でのさまざまな事象、日常で見聞きし感じている出来事がそれぞれに入り乱れて、時代全体を突き動かす流れが見えにくくなっています。物事が多重構造的に動きながら、漠然とした緊張感と不安を生みだしています。こういう時代だからこそ、あらためて歴史を形成する大きな潮流をとらえることが重要です。

まず、私自身が体験した二つの象徴的な事件を見ていくことにします。

２００１年９月11日にアメリカで起きた同時多発テロ（９・11）、そして２０１１年３月11日に日本で起きた東日本大震災（３・11）の時の体験です。この二つの出来事が、どのように世界を変えてしまったのでしょう。

はじめに、３・11から見ていきます。

１　大震災で見えてきた豊かな日本の不平等

３・11のその日その時を、みなさんはどのように迎えたでしょうか。

私は渋谷にある大学の研究室にいました。大きな揺れとともに本棚から本が崩れ落ちて、しばらく呆然とした記憶があります。さいわい電気や水道などのライフラインは無事でしたので、生命の危険に直結することはありませんでした。けれども交通機関がストップし、私を含め在校していた学生や教職員５００人近くが帰宅困難となり校舎で寝泊まりしました。大学の外では、泊まる場所のない多くの人々が徒歩で帰宅しようとして混乱が続きました。

もし、水道や電気などのライフラインが寸断され火災が起きていたら、都心の惨状は想像を絶する事態になっただろうと、今でも思い返すたびに恐怖が呼び起こされます。

地震大国日本では、いつでも、どこでも巨大地震が起こりうることは以前から指摘されていましたが、それが現実に起きると、私たちの想定をはるかに超える事態であることを実感させられました。地震後に東北地方の沿岸部を襲った巨大津波の到来による大惨事ばかりではありません。福島第一原子力発電所では電源喪失により核燃料がメルトダウン、水素爆発が起こって原子炉建屋が吹き飛ぶ危機的状況となりました。当初は、原発事故の深刻度は「レベル4」と報じられましたが、その後、事態の深刻さが次々に明らかになって最悪の「レベル7」まで引き上げられました。原発の安全神話は崩れ去り、放射能という目に見えないリスクの存在があらためて認識され、その不安は日本のみならず世界全体におよびました。

巨大津波の被災地は、東北の太平洋側沿岸地域の岩手県から茨城県を中心に沿岸地域500キロメートルにもおよびました。本州の長さがおよそ1500キロですから、いかに甚大な規模の災害だったかがわかります。被害状況は想像をはるかに超え、現場を訪れないと実感しがたいものでした。震災の一か月半後に岩手県から宮城県の沿岸部を訪れた際に目にした光景は、今も脳裏に焼きついています。

三陸沿岸は入り組んだリアス海岸でいくつもの山々や丘が続き、所々に平坦地や平野部が広がっているのですが、その広大な地域がすべて壊滅的な被害を受けていました。復旧

岩手県大槌町（2011年４月）

宮城県石巻市大川小学校（2017年）

筆者撮影（本文中の写真すべて）

したばかりの道路を北から南に下ると、何キロにもわたって瓦礫の山が延々と続いていました。その惨状は、戦場の焼け野原もこのような姿かという風景であり、無慈悲で徹底的な破壊の痕跡の様相は筆舌に尽くしがたいものでした。

東日本大震災から今年で7年たち、甚大な被害の記憶が早くも薄れつつあります。被災各地を訪れるたびに、沿岸部の多くで巨大防潮堤の建設が進み、万里の長城のような景観が延々と立ち現れていることに目を奪われます。高台への移住、防波堤の建設などハード面で復興への歩みが進行している一方で、被災地では高齢化や若者の流出などの厳しい状況が全国に先駆けて深刻化しています。

反面、深刻な状況にあって、人々の暮らし・コミュニティ・文化面での再建の重要性があらためて認識されています。とくに東北地方に継承されてきた祭事の復活には、逆境に立ち向かう際の回復力（レジリエンス）として注目すべき面が見られます。伝統文化に秘められた歴史的・文化的な価値については、本書の後半で詳しく取り上げることにします。

東日本大震災の津波による被害と原発事故による深刻な放射能汚染は、どちらも、これまでの社会と発展のあり方の根本を問い直す出来事でした。しかし、この二つがもたらした影響と意味は大きく異なります。津波による被害は、巨大自然災害の受けとめ方と向き

福島県浪江町、牛の殺処分に反対する「希望の牧場」(2013年)

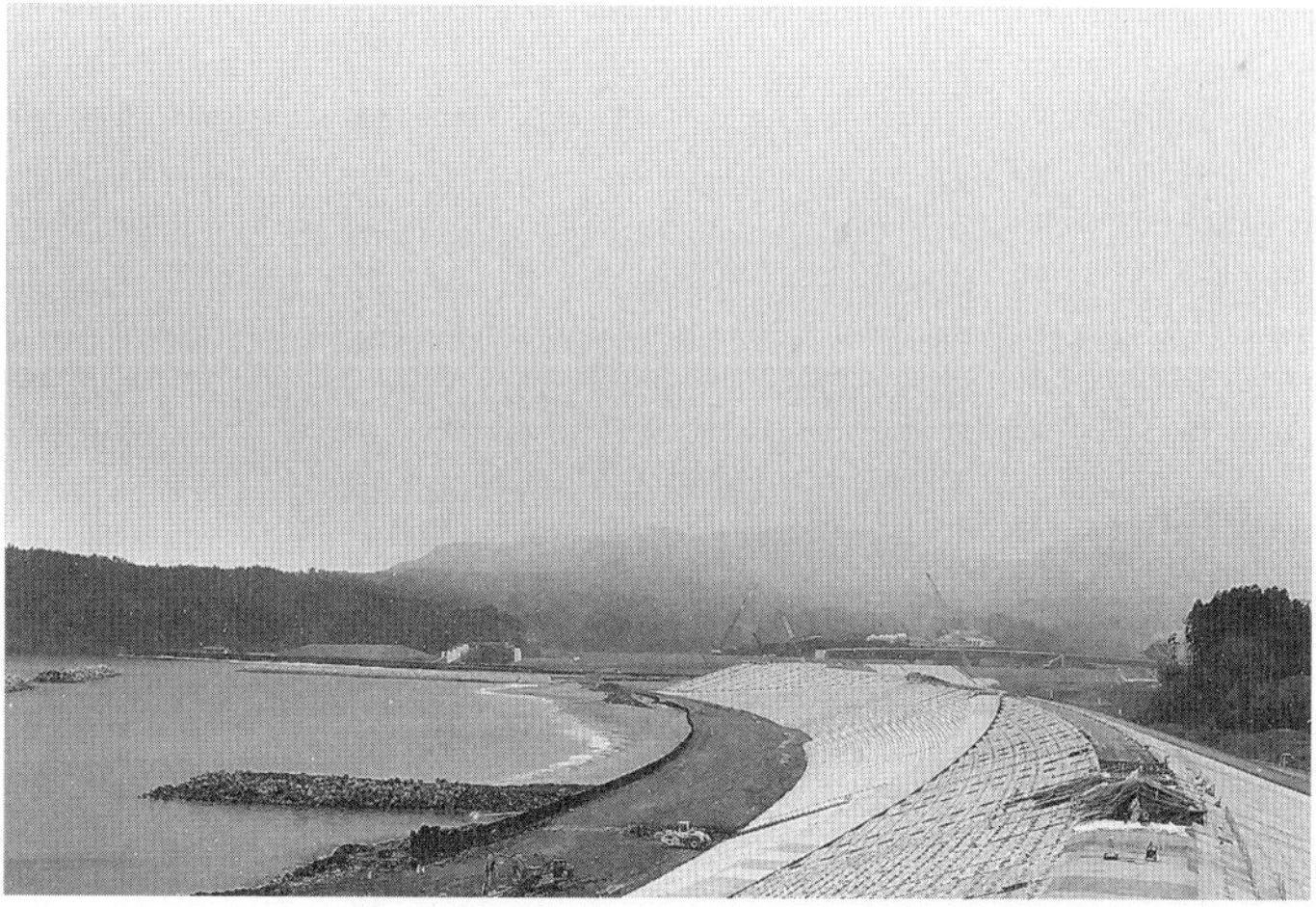

宮城県気仙沼市小泉海岸 (2017年)

あい方、さらにそこからの復旧・復興が中心的な課題となっていますが、原発事故災害では、復旧・復興だけではなく社会の根本的あり方が問われています。地震や巨大津波が誘因であったにしろ、人災という側面をもつだけに、加害性や責任の所在を含み社会的矛盾をはらんだ問題という性格をもちます。

考えるべき点は、東京を日本社会の中心とする前提で「地方」が置かれてきた非対称な関係性、ある意味で従属的な関係性です。原発事故では、福島や周辺の人々に深刻な放射能被害がもたらされましたが、そこで発電されていた電力は、遠く離れた関東圏・東京都民に供給されるものでした。ここには、社会的関係の歪《いびつ》さ、利害の不平等性（他の人の不幸を前提とした幸福）が示されています。

現代が直面する「リスク社会」

この問題を考えるには、現代という時代がはらむ「リスク社会」の特徴について知ることが役に立ちます。この言葉は、ドイツの社会学者ウルリヒ・ベックが使ったもので、現代社会がもつ矛盾を端的に表す言葉として認識され始めています。

人間にとっての初期的な脅威（リスク）は「飢えて（あるいは敵に襲われて）死ぬこと」でしたが、近代化・産業化が高度に進むなかで、かつての貧困・欠乏が軽減されてきたのとは裏腹に、新たな脅威が潜在的・構造的に高まっているのが現代の「リスク社会」の特徴です。

そこでは、リスクの押しつけが問題になります。巨額の富を産み出す科学技術や産業社会（巨大生産力）が成り立つ背後で、潜在的なリスクや脅威がつくり出されていく状況は、原子力に依存する社会にはっきりと示されています。原子力の場合、大量に残る放射性廃棄物の処理が未解決のままであり、地域による差別のみならず将来の世代へリスクを押しつける問題（未来への侵害）が深刻です。

豊かさの裏側にひそむ巨大なリスクという問題は、原発以外でも、さまざまな局面で世界的に出現しています。

たとえば9・11同時多発テロ事件や世界金融危機（2007年）などです。それぞれ、危機の内容や問題性は異なりますが、どちらも私たちの日常生活を支えている社会の土台を根幹から揺さぶりました。私たちは、揺さぶられて初めてその脆弱性に気づかされました。

3・11の10年前、アメリカで同時多発テロ事件が起きた時、私はアメリカ国内にいました。その時に感じたことを紹介しましょう。別世界での出来事と思われるかもしれませんが、3・11がおよぼした社会への影響と同じく、この時を境に、世界情勢は大きな曲がり角をむかえたのです。

2　同時多発テロ事件がアメリカ社会を一変させた

２００１年９月11日、私はアメリカ西海岸にあるカリフォルニア大学バークレー校で客員研究員として滞在していました。快適な気候のこの地でのんびりとした日々を一年ほど過ごしたある日、同時多発テロ事件が起こったのです。そして、その日を境に、アメリカ社会が一変する様子を目の当たりにしました。

事件当日の朝、テレビ番組が突然中断され、ニューヨークの世界貿易センタービルに旅客機２機が激突したと報じました。続いて国防総省《ペンタゴン》にも飛行機が突入したとの速報があり、テレビ画面には、まるで映画のワンシーンのように１１０階建ての二つのビル（ツインタワー）が全壊する様子が映されました。テレビやラジオでは通常の番組はすべて中止されて特別報道番組が続き、「第２の真珠湾攻撃」、「米国国土《ソイル》への攻撃」といった言葉が緊迫感をもって語られ、新聞紙上では、「報復」や「戦争」という大きな文字が目立ちました。たった一日のうちに、平和と自由の象徴であったアメリカ全土に、戦時体制のような雰囲気が広がったのです。

私が滞在していたバークレーは、自由と反骨精神の気風が強い土地柄です。事件当日の夜には数千人が集まって、静かなる祈りの集会、「ビジル」がもたれました。ビジルとは、夜に野外で行われる抗議と祈りの沈黙の集会のことです。

事件直後からアラブ系の容疑者の名前が報道され、反イスラム感情やアラブ系住民への差別的な流言が広がるなか、バークレー近隣のオークランドやサンフランシスコの人権保護団体などは「報復は解決ではない」と呼びかけ、「人種差別と戦争に反対する緊急デモ」が組織されました。そして毎日のように、広場、学校、教会、街角で、多くの集会、抗議行動、コンサートが行われました。たとえば日系アメリカ人の団体は、アラブ系アメリカ人、イスラム教徒をはじめ移民の人々に対する報復攻撃を懸念して、「真珠湾攻撃後、在米移民の日本人が受けたような迫害を決してくりかえしてはならない」と声明を発表しました。

しかしながら、バークレーにおいても反戦アピール以上に目立ったのは家々の軒先に翻る星条旗でした。反戦ポスターやビラが焼かれたり、軍事報復に賛成する人が反戦集会に現れて、星条旗を振りながら壇上に上がって妨害する事態も起きました。

こうした雰囲気が広がるなか、当時のジョージ・W・ブッシュ大統領は、「テロとの戦い」を宣言し、それを受けて議会は、テロ組織「アルカイダ」への反撃としてアフガニスタンへの空爆を決めました。当時、ブッシュ大統領の支持率は5割以下と低迷気味でしたが、9・11以後は史上最高の9割以上に急上昇しました。

戦時色を強めてアフガニスタン攻撃を行うブッシュ政権の政策に対して、全米で唯一「空爆停止を求める」反対決議を採択したのはバークレー市議会でした。また、ブッシュ大統領の軍事力行使に議会でただ一人反対したのも、バークレー、オークランドを選挙基盤とするバーバラ・リー下院議員でした。下院（定数435）では賛成420に対して反対1、上院（定数100）では反対する議員は一人もいませんでした。

反対決議を表明したバークレー市議会には、全米から反アメリカ的だとの脅迫電話やメールが殺到しました。また、周辺地域からバークレーの業者との取引停止や嫌がらせが続発しました。アメリカ社会において集団的いじめ現象が出現したのです。そして、心配されていたアラブ系の人々に対する迫害や暴行事件が、その後各地で報告されるようになりました。

国家によるテロ行為のはじまり

アメリカが長年にわたって育んできた多様性と寛容性を重んじる価値観が、暴力的な力に押し流されていく動きが日に日に増していきました。9・11の事件の衝撃が大きかったゆえに、過度で過敏な反応が誘発されてしまう、ある種のパニック状況で、そうした事態への冷静な対応がいかに困難なものかを目の当たりにしました。

なかでも、国家が、テロへの反撃として、自らが写し絵のようにテロ攻撃体制をつくり出してしまう姿には唖然としました。民主主義国家の手本を自認するアメリカでこのような一連の出来事、事態が起きたことは、けっしてよそ事ではなくどの国でも生じる事だと、私の胸に深く刻まれました。

それまでのアメリカには、自分たちこそ世界をリードする存在であり、アメリカ的世界観（民主主義、自由、平等、愛、平和、多文化共存など）が世界に共有されて平和をもたらすとの意識が根強くありました。これは、「パクス・アメリカーナ（アメリカが築いた戦後の平和世界）」と呼ばれてきたものです。その自負心ゆえか、同時多発テロ事件後のアメリカの対応は自らの威信を保つかのように徹底して攻撃的なものでした。

ブッシュ大統領は、テロ事件の容疑者を断定して、引き渡しに応じないアフガニスタンのタリバン政権に対し、正義の名のもとに国を挙げてアフガニスタン攻撃に突き進んだのでした。戦争とは、このようなある種の高揚感のもとで堰《せき》を切ったように推し進められていくものなのでしょう。ちょっとしたきっかけがあれば、いつどこでも起こりうるということを実感させられました。

軍事力スパイラル

日本では、国家の権力機構を制御する装置として、日本国憲法が存在しています。憲法で定められた三権分立の仕組み、市民的自由の権利（人権）の保証、警察力の制御において、軍事力を否定した上でどうにかバランスをとる体制を築きあげてきました。しかし、一般的には軍事力という暴力装置の扱いには苦慮してきたのが実態です。軍事力は、いったんタガが外れてしまえば、その力の大きさゆえに制御が難しいことは歴史が示してきたとおりです。アメリカのアフガニスタン攻撃、その後のイラク攻撃を見ても明らかです。

さらに、主要国には巨大な兵器産業が存在し、世界中の対立と緊張がある地帯に武器を供給し、さらなる対立と緊張を醸成させているという、たいへん厄介な現実があります。

現在、世界の武器輸出の三分の一をアメリカが占めており、ロシア、中国、フランス、ドイツ、イギリスがそれに続きます（ストックホルム平和研究所、２０１２―２０１６年のデータより）。それらの武器が憎しみと暴力の連鎖に結びつき、内戦や戦争を深刻化させているという複雑な状況です。

その悪循環を象徴する状況は、アメリカ社会が抱える銃規制の問題にも見ることができます。社会に対する不安と緊張と悲劇の連鎖によって、銃の保持数が増え、増えれば増えるほど、銃による死傷者は増加していきます。負のスパイラルが進行していくのです。

悲しいことに、アメリカでは単純計算で毎日二人の子ども（18歳以下）が銃による事故や犯罪で亡くなっているという報告があります（2015年は756人）。また、2015年の銃乱射事件は372件、被害者の合計数は1870人、死者数は475人におよぶとのことです。悲惨な銃乱射事件が起きるたびに、幾度となく銃規制の必要性が叫ばれてきましたが、実現の目途は一向にたちません。それどころか、2017年10月におきたラスベガスの銃乱射事件の後には、アメリカでの銃の販売額が史上最高を記録したと報道されました。

＊2001年当時の詳細については、現地報告レポートをネット公開していますのでご覧ください。
http://www.econorium.jp/fur/topic1.html

〈序章のポイント〉


転換期にある日本と世界で、私たちの想像をこえた事件が続発しています。

過剰な不安や怒りにまかせて行動することで、バランス感覚を失い取り返しのつかない結果が導かれてしまう危険性について自覚しましょう。

パニックや誤解を防ぐには、不確定で多様なあり方が共存しあう世界を、さまざまな角度からとらえる目を養い、深い理解にいたる認識方法を身につけることが求められます。

そのために、本書では次の三つの視点をもつことを提案します。
1. 遠近感をもって多様な角度からとらえる「複眼知」
2. 事象の構造や関係性・矛盾を見きわめる「批判（洞察）知」
3. 他と自分がつながりあう関係性を生み出す「共感（包摂）知」
これら三つの視点は、本書の理解を深めるキーワードです。

第1部　グローバル時代の共存——交差する光と影

現在、さまざまな矛盾が噴出し、先行きに不透明さが増しています。その一方で、困難な課題を克服しようとする努力も積み重ねられてきましたが、そうした取り組みは、見えにくいのが現状です。第1部では現代という時代の底に流れる持続可能性という潮流に注目し、国連の新目標ＳＤＧｓの動きを見ていきます。

また、世界の動向を大きくとらえたとき、持続可能性の三つの柱、社会、経済、環境をどう組み立てなおすかが重要です。社会の不安定化の根幹には、経済のあり方が大きく影響しています。現代経済が抱える深刻な問題に焦点をあて、解決を模索する試みを見ていきます。

第１章　地球とともに生きる時代が始まる

１　地球村・地球市民の現在

９・11同時多発テロ事件が世界を震撼させたのと同じ２０００年代初めに、世界中で話題になったメールの連鎖現象（チェーンメール）がありました。「１００人の地球村」というタイトルで、現実世界の姿を大幅に縮小させて、地球全体を１００人が暮らす村にたとえて状況を描いたものです。

元は英語のメールでしたが、日本語にも訳され、日本語訳は『世界がもし１００人の村だったら』というタイトルで出版されてベストセラーになりました。今もネットで公開されている「１００人の地球村」は、以下のようなメッセージで始まります。

もし、現在の人類統計比率をきちんと盛り込んで、全世界を１００人の村に縮小するとどうなるでしょう。その村には……

57人のアジア人
21人のヨーロッパ人
14人の南北アメリカ人
8人のアフリカ人がいます

52人が女性です
48人が男性です

70人が有色人種で
30人が白人

70人がキリスト教以外の人で
30人がキリスト教

89人が異性愛者で
11人が同性愛者

６人が全世界の富の59％を所有し、その６人ともがアメリカ国籍

80人は標準以下の居住環境に住み
70人は文字が読めません

50人は栄養失調に苦しみ
１人が瀕死の状態にあり
１人はいま、生まれようとしています

１人は（そうたった１人）は大学の教育を受け
そしてたった１人だけがコンピューターを所有しています

もしこのように、縮小された全体図から私たちの世界を見るなら、相手をあるがまま

に受け入れること、自分と違う人を理解すること、そして、そういう事実を知るための教育がいかに必要かは火をみるより明らかです。

（後略）

このストーリーのもととなったのは、アメリカの環境学者ドネラ・メドウズが1990年に『地球市民《ザ・グローバル・シティズン》』誌に「村の状況報告」として掲載したものでした。地球の状況を1000人の村に例えたその原文はとても興味深い内容です。その中の一部を取り出して改変したものが「100人の地球村」として出回ったと考えられます。

私がメドウズさんのこの文章に出会ったのは、1992年にブラジルのリオデジャネイロで開催された国連会議の「地球サミット」でした。この会議は世界170か国以上から、4万人を超える人々が集まった史上空前の国連環境開発会議で、NGO（非政府組織）のメンバーとして参加した私は、その会場でメドウズさんの「村の状況報告」が書かれたポスターを見たのです。

そこには、「100人の地球村」には掲載されなかった次のような記述がありました。

村民1000人のうち、5人が兵士で、7人が教師、1人が医者、3人は戦争や旱魃《かんばつ》で家を追われた難民です。公私合わせた村の年間の財政は３００万ドル（約３億６千万円）を超えますが、それを頭割りした場合には１人当り３千ドル（約36万円）となります。

総額３００万ドルのうち、18万１千ドル（約２千２００万円）は武器や戦争に使われ、１５９万９千ドル（約１億９千万円）が教育に、13万２千ドル（約１千６００万円）が保健・医療に使われています。

この村の地下には核兵器が埋められており、その爆破力は村を幾度となく粉みじんにするのに十分な力をもっています。この兵器をコントロールしているのはほんの１００人の人たちです。他の９００人の人々は、ただただ深い不安を抱きながらじっと見守っています……彼らが互いに仲良くやっていくのかどうか、もし仲良くなったとしても、不注意や技術的なミスによってその兵器を爆発させはしないだろうか……たとえその兵器を解体すると決定しても、材料である危険な放射性物質をいったい村のどこに処分したらいいのか……。

ここには１９８０年代の冷戦体制下で危惧された戦争、とりわけ核戦争の脅威が語られており、メドウズさんの心配の中心も当初はそこにありました。90年代に入って冷戦体制が解消され、核戦争への恐怖という重石から解かれると、平和問題や環境問題、貧困問題への関心が高まりました。そんななかで、メドウズさんの「1000人の地球村」は「地球サミット」をきっかけに、参加していた環境団体を通じて地球市民的な視野を持つことの重要性を印象深く伝えるものとして、徐々に世界に広がっていったのです。

そして、2001年の9・11事件をきっかけとして、「100人の地球村」に姿を変え、世界中に急速に拡散・普及しました。序章でみたように、同時多発テロ事件の衝撃は世界的に不安を高め、冷静さを失った言動を誘発しました。と同時にその反省として、冷静に情勢を見きわめて批判的にとらえようとする動きも導きました。目前の事件や悲劇に対して、そこだけの問題として狭くとらえるのではなく、それを自分のこととして受けとめ直視するとともに、より広い視野から見なおすことが重要だと考える人が世界各地で発信し始めたのです。

その一つが「100人の地球村」のメッセージであり、不安が高まる世界の現実にどう向き合うのか、地球市民としての自覚を促したのです。

2　世界に広がる「地球の日」

9・11のような大きな出来事を当事者的な狭い世界だけで見ていると、敵と味方、被害者と加害者、善と悪のような単純な対立思考に陥りがちです。しかし、「100人の地球村」のように、地球的な視野からとらえなおすと、改めて文化・社会的な多様性に気づくことができます。

地球全体を俯瞰《ふかん》的にとらえるこうした考え方は、20世紀後半以降に顕著になりました。1961年、初めて人類が宇宙に飛び出し、宇宙空間に浮かぶ小さな真珠のような地球を目の当たりにしてからと言ってもいいでしょう。

1972年にスウェーデンのストックホルムで開催された「国連人間環境会議」では、「かけがえのない地球《オンリー・ワン・アース》」という標語が示されました。人間は地球という存在に支えられている、そのかけがえのなさを表したものです。そのころから始まった興味深い運動に「アースデイ（地球の日）」キャンペーンがあります。

「母の日」や「こどもの日」があるのだから、大地・自然（地球）を想う日があって当然、という発想から始まった「アースデイ」のルーツは、公害問題が激化した60年代にさかのぼります。農薬汚染を警告したレイチェル・カーソンの『沈黙の春』（原書1962年）

が話題を呼び、核兵器や核汚染の脅威も重なって環境保護運動が急速に高まった時代でした。

「アースデイ」は、米国上院議員G・ネルソンと、スタンフォード大学生で全米学生自治会長であり、その後世界的な環境活動家となったデニス・ヘイズが、全米の学生や市民団体に呼びかけて、１９７０年4月22日に誕生しました。地球の危機に際してなにかしようとするさまざまなアイデアと行動が連鎖反応を起こして、全米各地で2千万人が関わったといわれる多彩なイベントが繰り広げられました。

ここから生まれた取り組みの一つに「歩行者天国」があります。アースデイの呼びかけに応えた自治体の一つだったニューヨークでは、市長が6番街から自動車を締め出して「歩行者天国」を実現しました。このアイデアは以後、世界中の都市に普及しました。

政府を巻き込むムーブメントに

より実際的な成果としては、その年に米国環境保護庁（ＥＰＡ）が設立されて、環境規制の法律が整備されました。日本でも翌１９７１年に環境庁が発足しています。いわば第一次環境ブームの草分けとして、アースデイを位置づけることができます。このムーブメントは90年代には世界中に拡大し、１９９２年の「地球サミット」に象徴される第二次環境ブームへと引き継がれていきます。現在、アースデイは世界各地で開催され、毎年1億人を超える人々が集うイベントになっています。

アメリカでのアースデイは環境問題に関心が高い自治体が市民と一体となって取り組んでいます。アースデイ25周年にあたる95年、ニューヨーク市のイベントの様子を見ることができました。市街の広い道路が歩行者天国として開放され、各種の市民団体やさまざまな民族《エスニック》のグループが、民族衣装で着飾り、趣向を凝らしたパフォーマンスを披露しながら、大観衆の前を次々とパレードする姿には、目を見はるとともに、その熱気に感動しました。

日本で最初のアースデイは１９９０年に全国２００か所で開催され、千を越えるグループを含めた計3万人の参加がありました。東京では夢の島公園を会場に、入場料として空き缶の持参が呼びかけられました。初回のアースデイには、日本各地でシンポジウム、コンサート、記念植樹、ごみ拾い、フリーマーケットや廃食油の石けんづくりの実演など、イベントが沢山催されました。

２００1年には東京の実行委員長に環境活動家のC・W・ニコルさんが就任し、以後、代々木公園で開催されています。

２０１1年のアースデイ東京では、震災・原発事故直後でしたので、代々木公園～渋谷～原宿の約2・5キロの道のりを5千人もの市民が「脱原発、自然エネルギーへのシフト」

を求めて歩く大パレードが行われました。

一時ほどの盛り上がりはないものの、全国各地でも市民グループのイベントとして定着しています。まだまだ知る人ぞ知るといった内輪のお祭りにとどまっていますが、より広い地域で市民に根づいた取り組みとして普及していくよう期待したいところです。

「100人の地球村」もアースデイの運動も、20世紀末から21世紀の新たな世界観に目覚めた人々が、徐々にそのアイデアを共有していく動きとしてとらえることができます。この動きは、草の根の市民レベルだけでなく、さまざまな形で社会的な展開も見られます。

アメリカでのアースデイの盛り上がりが米国環境保護庁の設立につながったように、若者たちの問題提起が共感を呼んで社会に定着していったのです。それは国レベルでの動きにとどまらずに、地球サミットに象徴される国連での動きにもつながっていきました。次の章で、どんな動きが展開したかを見ていきます。

アースデイ東京（2014年４月）

アースデイ東京（2011年４月）

第2章 持続可能な世界をめざす国連の新目標SDGs

1 地球サミットと持続可能な開発・発展

「地球村」や「アースデイ」のようなイメージしやすい考え方ではありませんが、新時代を象徴するキーワードとして、「持続可能な発展・開発（Sustainable Development）という言葉が世界的に定着してきています（Developmentの日本語訳は、「開発」と「発展」があり、適宜使い分けます）。地球の上で繁栄してきた人類が、環境や資源の限界に直面して存続が危ぶまれる事態になってきたことに警鐘をならす言葉です。英語からの翻訳語なので堅苦しいですが、これからの世界を考えるためには欠かせない概念です。

２０１５年９月の設立70周年の国連総会で、「持続可能な開発目標（Sustainable Development Goals)」（以下ＳＤＧｓ《エス・ディー・ジーズ》）を含む「持続可能な開発のための２０３０アジェンダ」（以下、「2030アジェンダ」）が採択されました。以後、国連加盟国の共通目標となっています。「持続可能な開発」という概念が世界的に広く普及したきっかけは、1992年の「地球サミット」でしたが、もとは1987年に出された国連レポート「地球の未来を守るために」（原題は『われら共有の未来（Our Common Future)』）で提示されたものでした。そこでは、「将来の世代がその欲求を満たす能力を損なうことなく、現在の世代の欲求を満たす開発」と定義されています。

持続可能な開発とは、より具体的には「環境、経済、社会について調和のとれた発展をめざすこと」と解釈されるのが一般的です。私なりに補足して言いなおすと、「発展の原動力である経済発展を、環境的適正（調和）によって、また社会的公正（貧困や格差の是正）によって、調和をはかる（調正される）こと」となります。

この概念の成立史をさらにたどると、環境問題が国境を越えた世界共通の課題として登場してきた70年代にさかのぼります。1972年にスウェーデンのストックホルムで開催された「国連人間環境会議」の中心的なテーマは、環境問題をどう受けとめていくか、とくに「環境と開発の両立」への認識を深めることでした。経済発展が、環境破壊と表裏の関係として深く結びついていることへの認識と、それをどう克服するかがクローズアップされたのです。

この会議には日本から水俣病の患者さんが市民運動の支援を受けて参加していました。戦後日本のめざましい経済発展は「奇跡の成長」と称賛されましたが、その影で深刻な公害被害が起きていたことを患者さんたちが国際会議の場で直接訴え、国際社会はそのことを深刻に受けとめました。

その後、環境と開発の関連性や矛盾、とくに地球環境問題と南北問題（先進国と途上国の経済格差）・開発問題をどのように解決すべきか、国際会議でさまざまに議論が深められました。そして「我々の世代は、人類の将来世代の福利と生存が危険にさらされるほど、地球上の有限の資源を消費したり、生命維持システムを汚染することなく、将来の世代の必要を考慮する視野が必要である」と提起されました。

こうした延長線上で開催された1992年の「地球サミット」において、広く人類共通のキーワードとして明示されたのが「持続可能な開発」です。この地球サミットで、「気候変動枠組み条約」「生物多様性条約」という、「持続可能な開発」の実現に必要な二つの国際環境条約が調印されたことは画期的な出来事でした。

貧困問題と環境問題が合流

一方、1991年のソ連崩壊によって冷戦構造が消失し、環境問題とならんで世界の貧困問題（南北問題）への取り組みも進展しました。とりわけ２０００年の国連総会を機に共通目標として提起されたのが、「ミレニアム開発目標」（以下、ＭＤＧｓ）です。

ＭＤＧｓは、途上国の貧困・健康・環境などを改善するための８大目標《ゴール》、21の個別目標《ターゲット》、60の指標から構成されています。飢餓を撲滅し、誰もが安心して飲める水や居住環境を確保する、人類がすべからく貧困状態から脱却し、格差を是正していくという理念の下、南北問題の克服をめざしました。努力目標を具体的に提示し、達成年を２０１５年に設定して進捗状況が検証されるＭＤＧｓの取り組みはある程度成功をおさめました。

その後、地球サミット20年目の２０１２年に「持続可能な開発会議」（通称「リオ＋20」）が再びブラジルのリオデジャネイロで開催され、この会合において、ＭＤＧｓという開発についての取り組みが、環境に関する取り組みと合流したのです。つまり、ＭＤＧｓの流れは、それまでの結果をふまえた上で２０１６年から、より具体的な新目標である「持続可能な開発目標」（ＳＤＧｓ）に引き継がれることとなりました。

ＭＤＧｓは、途上国の貧困問題などの解決が最大の眼目でした。しかし急速なグローバル化が進むなかで、貧困や格差、環境問題は途上国に限定されない広範な人類共通の課題となり、より広義の人類的課題としてＳＤＧｓの必要性が「リオ＋20」会合で提起されたのです。ＳＤＧｓの大目標《ゴール》は17あり、個別目標《ターゲット》は１６９あります。カバーする問題が大きく広がりました。
しかしながら、この流れには多くの問題と課題が渦巻いていました。たとえば、「リオ＋20」会合では、各国の利害対立が再燃し地球環境問題に対しての先進国と途上国の責任の差異が強く強調されました。途上国の中でも、経済的に急浮上する新興国がある一方で、貧困にあえぐ国があり、一様に貧しい国々というかつての認識が通用しなくなっているのも一因です。

国連をめぐっては、国家間の調整という政治的仕組みに限界が生じ、国益の対立が先鋭化するとともに混迷化する事態をむかえています。そこで、国家の枠組みをこえたＮＧＯ（非政府組織）やさまざまな主体との連携が強化されて、国連会議への国境を超えた市民団体の参加や関与が強まってきました。２０１２年開催の「リオ＋20」会議と２０１５年ニューヨークで開催された国連サミットには、私もＮＧＯグループ顧問の立場で日本政府代表団の一員に加わり参加しました。ＮＧＯの一員として参加した20年前の地球サミットでは、ＮＧＯと日本政府は断絶状況でしたから隔世の感がありました。

２０１２年と２０１５年の会議では、たとえばＳＤＧｓの議論でも、政府のみならず企業や自治体、女性や若者などの市民セクター、ＮＧＯなどからの声が影響を与えました。現在は国益という狭い利害の枠を超える時代に入りつつあること、地球市民的な考え方が

国連総会の会議場（2015年９月）

2030年に向けて世界が合意した「持続可能な開発目標（SDGs）」
（国連広報センター）

期待される時代が到来したのだと実感しました。実際、各国内での貧富の格差や環境の悪化は、先進諸国以上に途上国や新興国で深刻化しています。そのような国々ではとくに、国益中心の立場では環境配慮や社会的公正が達成しにくいのです。その突破口として、地球市民的な立場や主張が大きく寄与する流れが生まれてきたのです。

2　国連の新たな挑戦「2030アジェンダ」がめざすもの

第二次世界大戦後の国際社会は、国際政治での国家間の攻防とともに、紆余曲折しながら徐々に地球市民社会の形成へ向かう歩みを続けてきました。旧来の国の枠組みを超えた国際社会のあり方の兆し、あるいは胎動が、わずかながら国連システムの一翼に形成されつつあります。

国連には、中核となるハードな基幹部分と関連するソフトな領域があり、多面的に国際社会の諸課題について取り組んできました。基幹部分とは、総会、安全保障理事会、経済社会理事会、信託統治理事会、国際司法裁判所、事務局の6つです。残念ながら、この部分は近年の複雑化する国際問題に対応しきれていない状況があります。

それに対してソフトな活動領域部分は、ユネスコ（国連教育科学文化機関）、ユニセフ（国連児童基金）、ＷＨＯ（世界保健機関）、国連開発計画、国連環境計画、ＷＴＯ（世界貿易機関）など、15の専門機関と数多くの諸機関・基金・計画が活動しています。これらは、国連ファミリーないし国連システムとよばれています。

多くの組織がつくられて、肥大化や効率の悪さが指摘されますが、それぞれの課題に対して柔軟で比較的民主的な組織として、ダイナミックなネットワークを形づくってきました。

「２０３０アジェンダ」は、「私たちの世界を変革する」という宣言とともに、持続可能な世界への目標を力強く示しています。それは、国連が人間社会の理想として、長年追い求め、築き上げてきた共有価値の集大成ともいえます。

「２０３０アジェンダ」をこまかく見ると、さまざまな分野で歴史的に積み上げられてきた成果の上に、未来世界が展望されていることがわかります。とくに20世紀から21世紀にかけての重大な課題である人権、開発、環境問題に関しては、「リオ宣言」（１９９２年）、「ミレニアム宣言」（２０００年）を経て、今回のアジェンダに展開されました。これらはいずれも、法律規制を伴う強い拘束力をもつ国際条約ではありませんが、外堀から行為を促すソフトで自主的な枠組みとして機能しています。

これらの中で胎動しているのは、「排他・排除から包摂へ」の思想であり、冒頭に紹介した賢治の言葉にある「みんな幸せ」の実現をめざすものです。

「2030アジェンダ」の宣言文には、「あらゆる貧困と飢餓に終止符を打つ」「誰も取り残さない」「地球を救うための21世紀の人間と地球の憲章である」などが高らかに謳《うた》われています。新時代を見すえた理念と思想、人々が共感の輪を広げた願い（地球村やアースデイの呼びかけなど）が、宣言文に集約されています。

2000年の「ミレニアム宣言」とMDGsの目標は、国連事務局の主導による、上からの押しつけ的な色彩を感じさせるものでした。その反省をふまえて、「2030アジェンダ」とSDGsの策定に当たっては、インターネットを駆使して幅広くNGOや関連組織、一般市民からの意見が取り込まれました。その点でも、国連システムの新しい挑戦でした。

持続可能な発展を求める動きとそれに基づいた国連の新目標の提示は、まだかすかな光でしかありませんが、地球市民的な世界観に基づいた動きとして、今後、より大きな潮流になっていくことが期待されています。

〈第1章・第2章のポイント〉

20世紀末から21世紀にかけて、古い価値観（国益や狭い利害）から脱皮する新潮流が胎動しています。

地球市民的な世界観が、草の根の市民レベルから提起されて世界に広がり、各国の制度形成とともに世界レベルでは国連システムの諸領域に影響をおよぼして、国連の新目標ＳＤＧｓなどへと結実しています。

【我々の世界を変革する：持続可能な開発のための2030アジェンダ】抜粋
宣言

（前略）

3．［取り組むべき課題］
我々は、2030年までに以下のことを行うことを決意する。あらゆる貧困と飢餓に終止符を打つこと。国内的・国際的な不平等と戦うこと。平和で、公正かつ包摂的な社会をうち立てること。人権を保護しジェンダー平等と女性・女児の能力強化を進めること。地球と天然資源の永続的な保護を確保すること。そしてまた、我々は、持続可能で、包摂的で持続的な経済成長、共有された繁栄および働きがいのある人間らしい仕事のための条件を、各国の発展段階の違いおよび能力の違いを考慮に入れた上で、作り出すことを決意する。

4．［誰一人取り残さない］
この偉大な共同の旅に乗り出すにあたり、我々は誰も取り残されないことを誓う。人々の尊厳は基本的なものであるとの認識の下に、目標とターゲットがすべての国、すべての人々および社会のすべての部分で満たされることを望む。そして我々は、最も遅れているところに第一に手を伸ばすべく努力する。

（中略）

我々の世界を変える行動の呼びかけ

49.［国連とそれを支える価値観］

70年前、以前の世代の指導者たちが集まり、国際連合を作った。彼らは、戦争の灰と分裂から、国連とそれを支える価値、すなわち平和、対話と国際協力を作り上げた。これらの価値の最高の具体化が国連憲章である。

50.［新アジェンダの歴史的意義］

今日我々もまた、偉大な歴史的重要性を持つ決定をする。我々は、すべての人々のためによりよい未来を作る決意である。人間らしい尊厳をもち報われる生活を送り、潜在力を発揮するための機会が否定されている何百万という人々を含む全ての人々を対象とした決意である。我々は、貧困を終わらせることに成功する最初の世代になり得る。同様に、地球を救う機会をもつ最後の世代にもなるかも知れない。我々がこの目的に成功するのであれば2030年の世界はよりよい場所になるであろう。

51.［新アジェンダの歴史的意義］

今日我々が宣言するものは、向こう15年間の地球規模の行動のアジェンダであるが、これは21世紀における人間と地球の憲章である。子どもたち、若人たちは、変化のための重要な主体であり、彼らはこの目標に、行動のための無限の能力を、また、よりよい世界の創設にむける土台を見いだすであろう。

52.［人々を中心に据えたアジェンダ］

「われら人民は」というのは国連憲章の冒頭の言葉である。今日2030年への道を歩き出すのはこの「われら人民」である。我々の旅路は、政府、国会、国連システム、国際機関、地方政府、先住民、市民社会、ビジネス・民間セクター、科学者・学会、そしてすべての人々を取り込んでいくものである。何百万の人々がすでにこのアジェンダに関与し、我が物としている。これは、人々の、人々による、人々のためのアジェンダであり、そのことこそが、このアジェンダを成功に導くと信じる。

53.［結語］

人類と地球の未来は我々の手の中にある。

（後略）

外務省「持続可能な開発のための2030アジェンダ」（仮訳）より抜粋改変
http://www.mofa.go.jp/mofaj/ic/gic/page3_001387.html

第3章 グローバル経済の曲がり角 貧富の超格差を生む経済

1　最富豪8人の富が世界の貧しい36億人の富に匹敵

前章で紹介したような、理想をもとめる動きの一方で、解決すべき課題は多数あります。世界の動向を大きくとらえたとき、経済に関する問題が最も深刻です。

第二次世界大戦後、科学技術は各段に進歩し、生産性も向上し、経済規模は年々拡大を続けています。実際、世界全体での富は年々ふくれあがっています。それならば、私たちは前の世代にくらべて豊かで、よりゆとりある生活が営めるはずですが、現実にはそうなっていません。貧しい国の人々に限らず、豊かな国でも貧困にあえぐ人が増えています。地球上には、まるで魔法のように富が富を生む世界がある一方で、貧困にあえぐ世界があります。それはなぜでしょうか。

こうした疑問、とくに格差問題に答えを見い出そうとして、2013年、フランスの気鋭の経済学者トマ・ピケティが『21世紀の資本』という本を世に出しました。翌年春に英語版が出て発売後の半年で50万部のベストセラーとなり、他の多くの国でも翻訳され、日本語版も2014年12月に出されて発売2か月で10万部を超えました。

この本では、働いて稼ぎ出される富（経済成長率）よりも、資本（資産）を活用して生み出される富（資本収益率）の方が大きいと述べられています。そしてその差が年々拡大していることを長期的なデータで示しています。また、富が公平に分配されないことで格差が拡大し、そのために社会や経済が不安定になっていることに警鐘をならすとともに、格差是正のために資産への課税や累進課税の強化など富裕税の必要性を指摘しています。

このような指摘は以前からありましたが、実態や問題が見えにくかったのです。細かな点については異論や批判もありますが、20世紀から21世紀にわたる中・長期的な動向の分析はたいへん貴重な示唆を私たちに与えてくれました。実際、2007年の世界金融危機を引き起こしたウォール街への批判、億万長者の隆盛ぶりへの不満が高まっていたことが、この著書をベストセラーに押し上げたのだと思います。

関連して、さまざまな実態が次々と明らかになってきました。1940年代にイギリスで設立され、世界的に活動している国際協力NGO団体オックスファムによるレポート『最

実態は、まさに驚くべきものでした。
を白日の下にさらし、世界的に注目を集めました。そこで明らかにされた世界の富の集積
も豊かな１％のための経済』（２０１６年版、２０１７年版）は、急激な格差拡大の実態

富める者と貧しい者の間の格差は、これまで考えられていたよりも大きく、世界で最も豊かな８人が世界人口の貧しいほうから半分の36億人に匹敵する資産を所有していることが明らかになりました。

世界では、10人に一人が１日２ドル以下でしのぐことを余儀なくされているなか、一握りの人たちが莫大な富を有しています。（中略）格差拡大は、何億もの人々を貧困のなかに封じ込め、社会に亀裂をつくり、民主主義をも脅かしています。

（２０１７年発表の『最も豊かな１％のための経済』レポートより）

２０１８年１月22日にオックスファムが発表したレポート『資産ではなく労働に報酬を』では、「昨年、世界で新たに生み出された富の82％を世界の最も豊かな１％が手にしたことが明らかになりました。一方で、世界人口の貧しいほうから半分の37億人が手にした富の割合は１％未満でした」としています（人口数が異なるのは、世界人口が増加している

ためです）。

このような富の集中ぶりは異常としか言いようがありません。

オックスファムの２０１７年のレポートに出ている「最富豪者の８人」は、アメリカのビジネス誌『フォーブス』が毎年、米長者番付「フォーブス４００」を公表していますので、誰であるかはほぼわかります。２０１７年長者番付トップ３は、１位のビル・ゲイツ（マイクロソフト）、２位のジェフ・ベゾス（アマゾン）、３位のウォーレン・バフェット（投資家）です。あとはフェイスブックやグーグルの創業者などが続き、上位者は、ＩＴ（情報技術）関連ビジネスや投資関連に関わる資産家が占めています。

オックスファムのレポートはさまざまなデータを集積して分析したものですが、もとになったデータの一つに世界的な投資会社「クレディ・スイス」が出している『世界の富《グローバル・ウェルス》レポート２０１５年』があります。

そのレポートでは、世界の成人人口の０・７％（３千４００万人）が世界の富の約半分（45・２％）を持ち、貧しい方から数えた92％（43億８千９００万人）が持っているのは世界の富のわずか15％であることが示されています。

世界的な貧富の格差・不平等を示す図としてわかりやすいのが、ユニセフの『世界の不平等』（GLOBAL INEQUALITY, 2011）に示された所得の分配状況です（59ページ）。こ

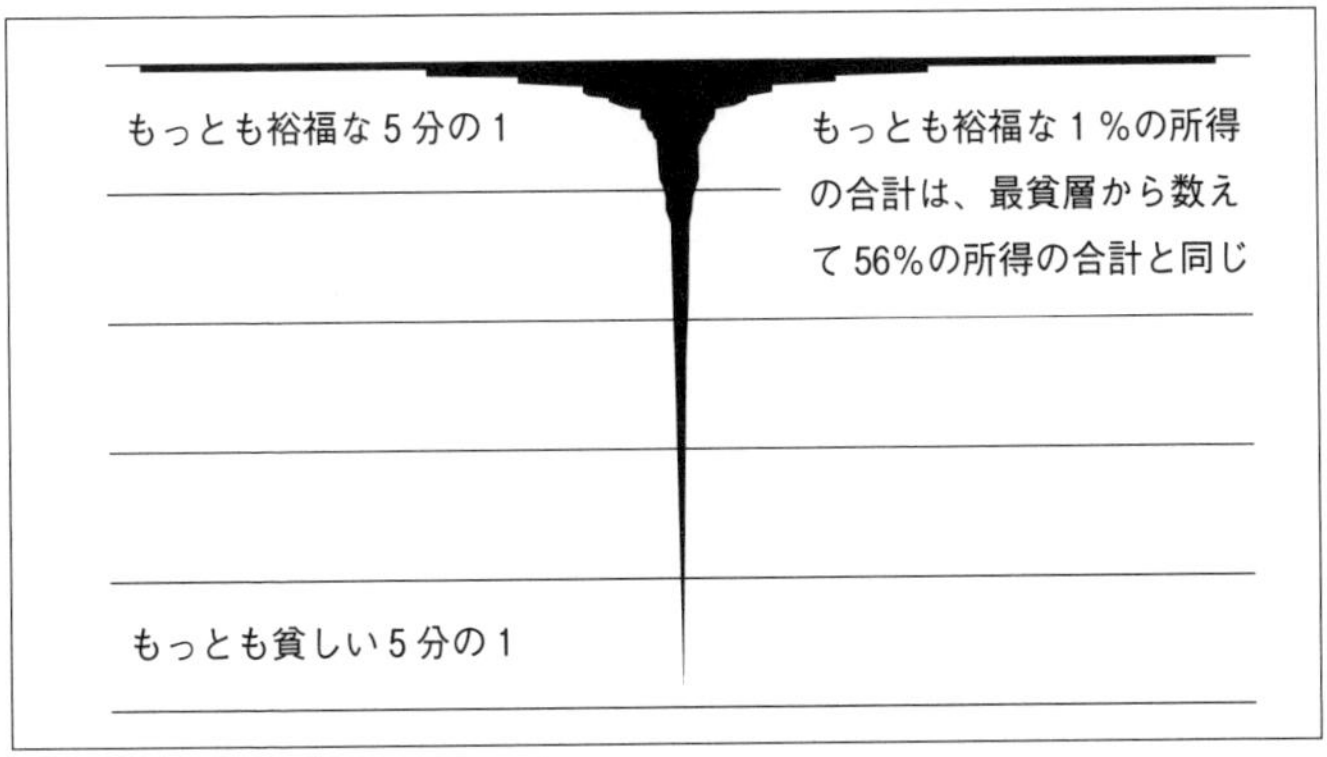

世界の所得分布状況（2007年）

（縦軸は人口の割合、横軸は所得の割合を示す）

ユニセフ『世界の不平等』(GLOBAL INEQUALITY, 2011）より作成の図でも人口数での最富裕層1％（6千100万人）の所得が、最貧層から数えて56％（35億人）が得ている所得に等しいことが示されています（2007年）。図の形を見てのとおり、この不平等を示す図は上部が大きく広がったシャンペングラスによく例えられます。ここで気に留めておきたい点は、「所得」はいわゆる年収（フロー）ですが、「富」は資産規模（ストック）を示しますので数字の内容は異なります。

スーパーリッチを生みだす経済

どうしてこのような富の集中化が起きているかについては諸説ありますが、ピケティの分析でも明らかにされたとおり、大富豪が富を蓄積できる仕組みに秘密があります。グローバル化した金融市場では、優秀な人材と高度な情報技術を駆使することで、実体のある経済活動で動く金額とは桁違いの巨額の利益を得られるようになっています。また、情報や資金が国境を越えて瞬時に世界中を駆けめぐる経済活動が急拡大して、その実態がつかみにくくなり、旧来の国ごとの租税制度による再分配政策が機能しにくくなったことも、格差拡大に大きく影響しています。

言いかえれば、巨額の資金を元手に情報技術や金融工学などを駆使し、世界中の企業の生産活動や不動産・金融資産などを把握して、それらが生み出す富の動向を掌握できる力があれば一人勝ちできるということです。それは超富裕層の台頭現象として、グローバル・スーパーリッチの時代とも呼ばれています。

一方、近年、「パナマ文書」や「パラダイス文書」と呼ばれる報道で、企業や富豪の国際的な租税回避の実態が明るみに出てきています。富豪のみならず、国境を越えて活動する多国籍企業が、収益確保の手段として租税回避の手法を活用していて、それは金融や投資活動を下支えしてきました。租税回避の舞台となっているタックス・ヘイブン（租税回避地）は世界経済における一種の闇市場のような状況となっていたのです。

こうした状況になってきた経緯は複雑で、是正のためにはじっくりと問題を解きほぐす必要があります。次に状況がどのように進んできたかについて、明らかにしていきます。

2　国家を超える巨大企業の時代

現代は、従来の国家の枠組みを超えた新たな考え方や活動が始まっていることは、前章で見たとおりです。実は地球市民の時代というような、人々の意識や活動の舞台が広がったことだけではなく、それ以上に活発な動きが経済活動で進んでいたのです。とりわけ企業が国を飛び出して多国籍化し、国境の枠組みを超えた活動をいち早く展開しています。

それらの企業活動は、モノづくりにとどまらずに、情報やサービス、そして金融分野にまで広がっています。産業社会のあり方も、企業のあり方も大きく変わってきたのです。

産業革命以来、大量生産・大量消費で豊かになった工業化社会の経済は、先進諸国において次第に飽和状況をむかえ始めています。そして、経済の中心がモノの生産や実際のサービスなどの実物経済を離れて、お金をどう投資し増殖させるか、それを先読みして利益を生み出す金融経済さらには投資マネー経済へと移行してきました。

2007年に始まった世界金融危機では、そうした経済の様子がはっきりと現れました。お金だけを回して利益を生み出そうと無理な貸しつけをした結果、危機を誘発しました。金融機関を救うためにアメリカをはじめ世界の国々が巨額の財政投入をして、各国の財政状態を悪化させています。

こうした先進諸国の苦境に対して、中国、インド、ブラジルなどの新興国の経済発展への期待が高まっていますが、一方では、過度の開発によるバブル現象や環境破壊などによるリスクが懸念されています。

金融経済、さらに投機的マネー経済が肥大してきた様子については、経済産業省による『通商白書2008年版』でも明らかにされています。実物経済はGDP（国内総生産）の規模で示されますが、金融危機の直前には、GDPに対して、証券・債権・公債・銀行預金などの金融資産規模が急拡大していました。２００６年度の世界の金融資産規模は総額１６７兆ドルで、ＧＤＰ世界総額の約３・５倍の規模に達していたのです。１９９０年では約2倍でしたので、急激に拡大したことがわかります。

とくに問題なのは、少額の資金で資産を操れる「デリバティブ」と呼ばれる金融派生商品の取引規模が拡大していることです。２００６年のデリバティブの世界市場規模は、２０００年と比べて約3倍と急拡大し、想定される取引規模はおよそ５１６兆ドル、この時点で投機的マネー経済は実物経済の約10倍規模に達していたのです。

働く人より大企業を優先

一方、実物経済では、競争が激しさを増すなかで、不況の克服や経済成長の必要性が強調されてきました。そのなかで生じたのが、技術革新《イノベーション》のほかに、経済の効率化、とくにコスト・カットでした。たとえば、数千人規模の解雇が報道されると、その企業の株価が上昇することに象徴されるように、株主（資産家）中心の資本主義経済が隆盛をきわめています。そこでは、人々の貧困化を梃子《てこ》にして、グローバル競争に勝ち残る弱肉強食の経済社会が出現してきました。

こうした経済的な歪みのために、労働条件の悪化やストレス増などで生活不安や社会関係の歪みなどの問題が起き始めています（第6章でふれます）。国民経済における再配分や調整の機能もまた以下のように大きく低下しました。

競争に勝てる企業の育成や誘致のために、世界的に法人税の引き下げ競争が進みました。反面、消費税の導入とその税率の上昇を招きました。また、力のある事業家・経営者、資本家こそが巨額の経済利益を生み出す源泉だとして、高額所得者の税金を低減させ、貧富の差を調整するはずの税による所得の再配分機能は大幅に低下しました。先進諸国での所得税の最高税率は、90年代の70％前後から軒並み30〜40％へと低下しました。

国による税制だけでなく、企業自身も活動をより有利かつフレキシブルに進めるために、労働コストの引き下げ競争を激化させています。外部委託《アウトソーシング》や工場などの海外移転を進め、雇用の流動化のために、正規雇用から非正規や派遣社員などの割合を増やしました。安定した雇用はコスト高となり市場競争には不利に働くとして、国による規制緩和が行われ、雇用の不安定化という事態を生み出しました。

その結果、企業収益に占める労働賃金への配分割合（労働分配率）は、先進諸国を中心に80年代以降ほぼ一貫して低下してきました。そして、多くの先進諸国で、貧富の格差を表す「ジニ係数」は、近年、拡大の一途をたどっています。

世界経済は、大規模な資金フロー（グローバルマネー）で富のさらなる拡大が進み、グローバル化の中で企業活動が生み出す富の分配には大きな歪みが生じています。こうした矛盾のしわ寄せが、最終的に人々に押しつけられる深刻な事態となっています。長時間労働などの労働強化、競争の激化、それにともなうストレスが働く人に重くのしかかる一方で、医療や福祉のみならず経済活性化のための資金投入や金融破綻への補填もあって国家財政の負債が拡大し、増税などにつながってきています。

いわば国民生活の内実を低下させながら、大企業の営利活動を優先して促進することでグローバル経済は推移してきたと言ってよいでしょう。強調しなければならないのは、企業が悪事を働いているのでなく、個別企業の生き残りをかけた努力と競争が、弱い所へのしわ寄せを生んでいる実態です。良かれと思う個々の努力が、全体の結果として矛盾を増大させているのです。

経済規模上位１００のうち69が企業

かつては、企業活動は各国の国内経済に大きく依存して発展してきました。しかし、今日では事業は国境の枠組みを超えて活発化しています。企業活動と国の経済との重なりが縮少するとともに、企業活動の規模が国の経済規模をしのぐ勢いで拡大してきました。

２０１５年度の各国ＧＤＰと多国籍企業の売上高を比較して見ると、上位１００のうち、

69が企業によって占められています。その3年前の2012年度には46の企業でしたから、急拡大ぶりには驚かされます。経済活動の主体は、いまや国の経済以上に巨大化した多国籍企業へと移行しており企業優位の時代を迎えたと言えます。たとえば、巨大スーパーチェーンのウォルマートの売上高は、スペインやオーストラリアなどの国のGDPを超えているのです（参考Global Justice Now）。

企業競争が激化して国内経済が停滞気味となるこうした事態に対して、世界各地で現状への不安や不満、政治への不信感が高まっています。そして、近年は急速に反グローバリゼーションの動きが活発化しています。自国優先主義のいわゆるポピュリズムも台頭しています。目先の利害や損得に走り、てっとり早く安心と安定を取り戻そうと、保守的思想、ナショナリズム、排他主義が幅を利かせ始めています。英国のEU離脱やスペインでのカタルーニャ独立運動、そしてアメリカ大統領選でのトランプ大統領の予想外の選出などは、社会が不安定化してきた状況を反映する出来事と言えるでしょう。

資本主義が諸悪の根源と考える人たちのなかには、社会主義を奨励する人も出てきました。このような世界状況について、どのような問題解決の方策があるのでしょうか。自分たちだけが良ければいいというポピュリズム的な思想や、政府や公的権力による統制で問題が解決できるのかと言えば、疑問符をつけざるをえません。これまでの経緯や複雑化したグローバル世界の実態を考えると、そう簡単に解決策が見い出せないことは明らかです。一筋縄ではいかないことを理解しつつ、何らかの手がかりを見つけることが求められています。

3　国際的なレジーム動向を見る視点

複雑に絡み合っている現実の状況をどう読み解いていくか、国家体制を超えた視点でとらえると、世界動向の全体像がぼんやりながらも見えてきます。

すでにふれたとおり20世紀末から21世紀初頭に続く一連の出来事はまさに歴史的画期として位置づけられるでしょう。社会主義体制の自壊による東西冷戦構造の終焉、地球サミット、9・11同時多発テロ事件、世界金融危機と格差社会の深刻化、そして同時多発テロのところでふれたようにパクス・アメリカーナの時代が遠ざかり、世界の覇権国の影響力（パワーバランス）が不安定化し揺らいでいます。どの出来事も、歴史を塗り替える動きであり、私たちが未知なる世界に踏み込みつつある状況を象徴しているかのようです。

世界は、さまざまな勢力のせめぎ合いのなかでまさしく複雑系として進行しています。さまざまな諸要素が自律的に、かつ連動して動いており、特定の側面だけを取りあげて動向を見通そうとしても限界に直面します。といってあまり細かく見ては、全体状況を見失いかねません。そのような世界を認識するには、中核的な要素を取り出してその動いている状況をつかんで、相互関係を考えながら状況を把握することが重要です。とくに全体を貫くような中核的な要素に注目することで全体の状況がより見えやすくなります。

これまでの世界では、一般的には政治、経済、社会、文化が中核的な概念として位置づけられて論じられてきました。しかし現代の世界では、新たに「環境」という要素や「人権・福祉」といった課題が浮上しています。ここでは、新旧の諸課題をめぐる動きを「レジーム」（体制）という言葉でとらえたいと思います。レジームとは政治形態や制度、体制を意味する言葉で、国際政治学では世界の枠組みについて、国家制度を超えて形づくられる仕組みを国際レジームという概念を用いて論じてきました。

こうした概念で状況をとらえるのは、現在では個別の企業や諸国家を超えたさまざまな関係や制度、枠組みが重要性を増しているからです。さまざまな勢力がたがいに影響しあいながらダイナミックに動く世界では、諸勢力の動きをレジームの動きとしてとらえると、今後の展開を考えやすくなります。

これまでの国際レジームとしては、経済や国防などの分野で、諸勢力の間で制度をどうつくるか、勢力争いにしのぎを削り、国際社会を大きく動かしてきました。現在もその延長線上で動いており、例えばＷＴＯ（世界貿易機関）やＴＰＰ（環太平洋経済連携協定）のような自由貿易体制を推進する国際貿易レジームが、世界経済に大きな影響力を与え続けています。

レジーム形成の視点で考えると、グローバル市場経済のさらなる拡大が隆盛をきわめる現在の状況は、次のようにとらえることができます。すなわち、グローバル・新自由主義経済レジームとでも表現できる体制が、より強力な勢力として世界を牽引してきたということです。このレジームが、社会と経済の間の軋轢《あつれき》と矛盾を激化させてきました。

その一方では、90年代初頭からの地球環境問題の是正をめざす環境レジーム形成や、持続可能な社会をめざすＳＤＧｓの動きがあったのですが、旧社会主義圏をのみ込んだグローバル市場経済圏の急拡大が進行して、新自由主義レジームが環境レジームを凌駕《りょうが》してきたのが実態です。社会的公正を実現するレジーム形成は、大幅に遅れをとっていたということでもあります。どうして遅れたのかに関しては、いろいろな論点や歴史的な経緯があります。

第2部では、さまざまな動きが集約されて生み出された国連の新目標、ＳＤＧｓに注目して、どのような対応が考えられ、どんな取り組みが進んでいるのかについて見ていきます。

〈第3章のポイント〉

経済のグローバル競争の激化と富の蓄積は、深刻な格差問題を生じさせました。

経済優先（利益追求）によって社会的な配慮や公正さ（再分配）の遅れが生じ、経済、社会、環境のバランスが乱れて社会の不安定化を招いています。

環境との調和を前提にしたうえで、社会・経済の歪みへの対応が求められています。

第2部　何をどう組み立てなおすか——経済・社会の変革

21世紀初頭の現在、同時多発テロ事件や世界金融危機、世界各地での内戦や難民問題、豊かさに潜む深刻な格差問題、地球環境問題、排外主義の台頭など、先行きに不透明さが増しています。

一方で、困難な課題を克服しようとする努力、かつて賢治が求めた「みんなが幸せになる」ことへの取り組みも積み重ねられてきました。

世界の動向を大きくとらえたとき、持続可能な経済、社会、環境の三つの柱をどう組み立てなおすかが重要だと考えます。このうち、経済に関する対応こそが最重要課題だといっても過言ではありません。

どのような解決への糸口があるか、経済をめぐる取り組みから見ていきます。

第4章 経済の歪みをなおすには？ 国連の新目標ＳＤＧｓをどう役立てるか

１　ＳＤＧｓと持続可能な消費・生産

貧困問題を解消するため、２０００年の国連総会を契機に定められたミレニアム開発目標（ＭＤＧｓ、目標年２０１５年）にひき続き、15年国連総会にて持続可能な開発目標（ＳＤＧｓ）を含む「２０３０アジェンダ」が採択されました。ＳＤＧｓの17の大目標《ゴール》には、その下に１６９の個別目標《ターゲット》があり、その進捗の様子をチェックする２３０ほどの指標が用意されています。詳細は、資料や書籍などで情報が提供されていますので、ここでは全体状況への問題解決につながりそうな分野に着目することにします。

17の大目標を大局的にみると、持続可能性の三つの柱になる社会、経済、環境と、それらを横断する分野の４つに分けることができます。

社会分野（貧困、飢餓、健康・福祉、教育、ジェンダー、不平等）
経済分野（雇用・経済、インフラ、居住、消費・生産）
環境分野（衛生、エネルギー、気候変動、海洋、陸域）
横断分野（公正、国際協力）。

「2030アジェンダ」では、17の大目標を個別にあつかわずに相互連関や相乗効果が大切なことが強調されています。

注目したいのは、「目標12：つくる責任つかう責任」です。これは、経済分野であるとともに環境や社会を含めて全体をカバーする包括的な内容です。経済活動は、生産と消費において成り立ち、とくにグローバル化した経済活動はその影響が世界全体におよんでいます。ですから、SDGsの多数のテーマが、最終的に持続可能な姿になるためには、この「目標12」を中心にして考えることが重要です。

残念ながら「目標12」に関する実際の動きは、各国の食品ロスを減らす、国が物品を発注する場合に環境・社会に対する配慮を取り入れる、地方振興で持続可能な観光に取り組むなど、せまく限定的な内容になっています。ここでは、大きくとらえなおして、環境・社会配慮との関連を考慮した持続可能な消費・生産について、その動向を詳しく見ていき

目標１：貧困をなくそう（貧困）
目標２：飢餓をゼロに（飢餓）
目標３：すべての人に健康と福祉を（健康・福祉）
目標４：質の高い教育をみんなに（教育）
目標５：ジェンダー平等を実現しよう（ジェンダー）
目標６：安全な水とトイレを世界中に（衛生）
目標７：エネルギーをみんなにそしてクリーンに（エネルギー）
目標８：働きがいも経済成長も（雇用・経済）
目標９：産業と技術革新の基盤をつくろう（インフラ）
目標10：人や国の不平等をなくそう（不平等）
目標11：住み続けられるまちづくりを（居住）
目標12：つくる責任つかう責任（消費・生産）
目標13：気候変動に具体的な対策を（気候変動）
目標14：海の豊かさを守ろう（海洋）
目標15：陸の豊かさも守ろう（陸域）
目標16：平和と公正をすべての人に（公正）
目標17：パートナーシップで目標を達成しよう（国際協力）

持続可能な開発目標（簡潔な表現で示したもの）

国連開発計画（UNDP）駐日代表事務所HPより作成

ます。「目標10：人や国の不平等をなくそう」への取り組みもあわせて見ていきます。

持続可能な消費・生産という概念が浮上してきた背景については、消費者運動や市民運動の潮流をさかのぼることが必要です。そのなかで、あらためて持続可能な消費と生産が、持続可能な社会の形成において最重要課題であることの意味を掘り下げていきましょう。

一般的に消費者運動とは、消費者に関わる諸問題の解決をはかる運動、つまり消費者の被害を防ぎ、その利益や権利の主張をめざす社会的運動をさす言葉です。近年、消費者運動の活動の範囲は、大きな広がりを見せています。生活する地域から地球規模にいたるさまざまな環境問題、税制、貿易問題、経済・社会政策、政治献金や情報公開まで、広範囲の問題を対象とするようになってきています。

英語のConsume（消費する）という言葉には、もともと、「むさぼり食う」とか「使い尽くす」といった否定的な意味がこめられていました。「消費」が美徳ないし肯定的な意味に使われるようになってきたのは20世紀以降で、背景には〝アメリカ的ライフスタイル〟に象徴される大量生産・大量消費社会の誕生とともに、「消費者」という社会的立場の確立がありました。

工場で大量生産される商品を購入して消費する社会では、生産と消費がはっきりと分かれて消費の主体が明確で、その立場の独自性が生まれました。消費者の保護と権利が社会的に広く認知されだしたのは、日本では高度経済成長期の１９６０年代後半のことでした。

こうした動きは、歴史的には生産優位の時代から消費の重要性が認識される時代変遷と深く関わっていました。そして消費者運動も、歴史的な変遷のなかで大きく変化し発展をとげてきました。その流れは、第1に生産者（企業）への対抗ないし一種の防衛（受け身）的な運動の形成、第2により積極的な自己主張と社会的な権利の確立、第3に新たな社会的価値や文化の形成へという積極的関与の三つのステージとしてとらえることができます。

2　消費をめぐる新たな展開――社会倫理的《エシカル》な消費者

１９６０年代から70年代にかけて、いわゆる高度経済成長のなかで公害問題が深刻化したとき、消費者被害に対して企業（生産者）を告発する運動が活発化しました。食品公害に関しては、企業告発や不買運動などが盛り上がりました。そこでは消費者保護とともに消費者の権利の確立が重要な社会的テーマとなったのです。しかし、１９６８年に制定された「消費者保護基本法」には消費者の権利の明記はなく、２００４年制定の「消費者基本法」において初めて明記されました。

日本での消費者の権利に関する社会的意識は、アメリカにおける消費者運動の展開と消費者主体の制度的な確立から大きな影響を受けました。その筆頭に挙げられるのは、若き弁護士ラルフ・ネーダーによる自動車メーカーの告発（安全性問題）とその勝利でした。当時のケネディ大統領は１９６２年の特別教書のなかで「消費者の４つの権利」として、⑴安全を求める権利、⑵知らされる権利、⑶選ぶ権利、⑷意見を述べ聞きとどけられる権利を明確に提示しました。

その後、１９８３年に消費者運動の世界的な連合組織である国際消費者機構《コンシューマー・インターナショナル》が、この教書が発表された3月15日を「世界消費者権利の日」とすることを提唱し普及活動を展開しています。この団体は、４つの権利に加えて、「救済を求める権利」「消費者教育を受ける権利」「健康な環境を求める権利」「生活の基本的ニーズの保障」の４つを加え、消費者の８つの権利を提起しています。さらに80年代以降、消費者の権利と並んで消費者の責務として、「批判的意識」「自己主張と行動」「社会的関心」「環境への自覚」「連帯」を提起しています。

20世紀後半、成長一辺倒で進んできた生産システムは、消費の側からの批判によって、変革が促され始めました。消費の側の動きには、外的な要因、とりわけ環境問題や資源の枯渇といった問題がありました。それは、「グリーン・コンシューマリズム（環境を重視する消費）」に象徴される消費者の倫理意識や企業の社会的責任を問う動きとして展開されました。これは、20世紀末から21世紀にかけての生産システムに対する、消費の側からの調整圧力として注目すべき動きでした。

消費者の力

消費者サイドからの地球市民的な社会運動、グリーン・コンシューマリズムの台頭は、人々の間に、見た目や表面的な豪華さに重きを置くのではなく、環境への影響など、商品の背後にある価値や質を問う新しい消費者意識、価値観が形づくられてきたことの現れでもありました。それは消費者の利己的権利の拡大を超えた、新たな社会意識と価値・文化形成の動きともとらえられます。たとえば、英国で１９８８年に『グリーン・コンシューマー・ガイド』が出版されると30万部を突破するベストセラーになり、小売業界に大きなインパクトを与えました。

ほぼ時を同じくして、アメリカでも「経済優先度評議会（ＣＥＰ＝Council on Economic Priorities）」が『ショッピング・フォア・ベターワールド（よりよい世界への市民の賢い購買法）』を出版し、89年以降数年間で１００万部を超える売れ行きを見せました。当時は、１９８９年3月にアラスカ沖でエクソン社の石油タンカー「バルディーズ」号の座礁事故で深刻な海洋汚染が起こり、企業の社会的責任を問う動きが急速に広がっていたのです。市民団体により企業が守るべき「バルディーズ原則」が提起され、のちの、企業の社会的責任（ＣＳＲ＝Corporate Social Responsibility）を問う動きにつながりました。

「グリーン・コンシューマー」と同様に消費のあり方を問いなおす動きとして、「エシカル・コンシューマー（倫理的・社会的意識をもつ消費者）」の動きも現れました。商品が環境面のみならずどんな社会的背景をもっているのかを問うもので、英国では「エシカル・コンシューマー」の雑誌や書籍が盛んに刊行されるようになりました。それらの情報を開くと、例えば、チョコレートの項目には個別の商品名リストと製造元ならびに企業系列が掲載されていて、評価項目として、原料供給元の国の政治体制が市民を抑圧していないか、土地所有の形態は民主的かといった項目の他、製造に関わる企業において労働組合が機能しているか、労賃や労働条件に問題はないか、環境への配慮がなされているか、軍事との関係はどうなっているか、人種差別的なところがないかなどが示してあります。最終評価が「問題あり」の場合、ボイコットの呼びかけに印がつけられるのです。

安全性や環境面、人権や労働条件、軍事・平和問題、政治的・社会的抑圧といった問題までも視野にいれて、生産から流通・消費に至るまで詳しく点検して評価しようという興味深い動きです。こうした社会背景や潮流のもと、欧米では「フェアトレード（公正貿易）」

運動が大きな広がりを見せました。このように、企業活動の社会的責任や倫理を問う動きが連鎖的に広がり、企業のあり方を見なおす流れにつながっていきました。

原料の生産から加工・流通・販売・消費までのプロセスについての点検は、「サプライチェーン・マネジメント」と呼ばれ、ＳＤＧｓの「目標12：つくる責任つかう責任」でも、重要な検証対象になっています。

最近では、スマートフォンの普及を背景に、商品や製品に関する環境・社会面での評価が簡便にわかるアプリが出回り始めています。「エシカル・コンシューマー・オーストラリア」という団体が、「good on you（良かったね！　あなたに良い品）」のネットサイトを立ち上げて、２０１５年からスマホ用にアプリを提供しています。このアプリでは、アパレル・ファッションのブランドについて、人（労働）、地球（環境）、動物（自然保護）の項目の5段階の格付けを見ることができます。日本でも、「消費から持続可能な社会をつくる市民ネットワーク」という団体が、似た試みとして「ぐりちょ（Green & Ethical Choices）」というサイトで情報を提供し始めています。

関連サイト：https://goodonyou.eco/　　https://guricho.net/

3　投資が変える経済――ＥＳＧ投資

消費をめぐる新しい動向としては、企業活動を大きく左右する投資に関与する運動があります。この運動で重要なのは、市民の環境や社会に対する意識的行動が、ボイコットや選択などの消費行動にとどまらず、企業の将来行動を左右する投資の分野にまでおよんだ点です。

先述の経済優先度評議会（ＣＥＰ）という団体についてその後の経緯を見ると、興味深い発展をとげています。この組織は１９６９年にアメリカで設立された、年金などの資金運用のコンサルタントをする非営利団体でした。資金を、地域社会への貢献や人権尊重など社会的基準にもとづく投資活動につなげようと奨励してきた団体です。

こうした動きは、以前から社会的責任投資（ＳＲＩ＝Socially Responsible Investment）という考え方としてあり、70年代以降に本格化してきたものです。当初は宗教団体による兵器産業への投資回避として行われてきました。アメリカで注目されたのは、70年代後半、南アフリカ共和国のアパルトヘイト（人種差別）政策に反対するために、同国で事業を行う企業への投資に反対する運動からでした。南アフリカには、のちに民主的なマンデラ政権が成立しましたが、その背景には、国外からのこうした運動も一定の役割を果たしていました。

その後この運動は、環境、人権など多様な投資基準を掲げて幅広く発展しました。従来、企業活動に対する評価は、お金を儲けて株主に利益をどれだけもたらすかで計られてきました（財務評価）。それが、社会や環境への悪影響に社会的関心が高まったことで、企業の社会的責任が問われたり、どういう企業を育てるかという投資にまで影響を与え出したことは興味深い動きです。

環境・社会・ガバナンス（ESG）投資

社会的責任投資は、投資対象の選別（ポートフォリオ・スクリーニング）、株主運動（シェアホルダー・アドボカシー）、地域投資（コミュニティ・インベストメント）の3分野において展開されてきました。とりわけ市民の貯蓄や年金基金の運用に関して、投資を社会や環境の改善につなげる運動は、着実に広がりを見せてきました。とくに２００７年の世界金融危機の後、金融、なかでも投資のあり方には厳しい目が向けられています。最近ではＥＳＧ（環境＝Environment・社会＝Social・企業統治＝Governance）投資が注目され世界的に普及しつつあります。

ＥＳＧ投資は、環境問題への取り組み、株主、顧客、従業員、地域社会などすべての利害関係者に対する社会的責任の内容をチェックして投資を行うものです。その動きは、すでに紹介した国連をめぐる地球市民的な動きとも連動しています。

また関連して近年注目される動きとしては、2000年に始まった「国連グローバル・コンパクト」があります。これは、経済のグローバル化のマイナス面を是正するためには、国家や国際機関だけでなく企業が社会的責任と社会的課題に取り組むことが重要だとの認識のもとに、当時のコフィー・アナン国連事務総長が世界の企業経営者に呼びかけたものです。「コンパクト」とは約束を意味し、署名・加入した企業はこの原則に関する活動報告が求められます。2017年末で1万3千近い企業・組織が参加するまでになりました。

この他、2011年には「企業と人権」に関する枠組みとして、国連による「ビジネスと人権に関する指導原則（フレームワーク）」もできました。「人権および基本的自由を尊重し保護する政府の義務」「人権を尊重することが求められる企業の責任」「人権侵害からの救済手段の重要性」という「保護・尊重・救済」を骨格とする枠組みです。また、2006年には、国連の主導で発足した、ESG投資を推進するための「国連責任投資原則（PRI＝Principles for Responsible Investment）」が定められ、企業のESG投資のけん引役をはたしています。世界のESG投資の市場規模（残高）は2016年時点で23兆ドル（2600兆円）となり、プロの運用者による運用資金の約3割に達する規模となっています。

日本でも、市民の立場から企業に向けて、社会・環境に対し責任ある行動をとるよう求める運動が生まれています。国際的な取り組みと連携して、日本の市民団体が銀行や金融機関の投融資行動の改善を促す「フェア・ファイナンス」運動などです。国際的な比較をインターネットのサイトで公開していますが、日本の銀行や金融機関の評価は低いレベルにとどまったままです。

関連サイト：http://fairfinance.jp/

国際標準をめぐる動き（ISO）

また、他方では、国際的な貿易が盛んになり製品規格の標準化が進むなかで、工業製品の環境基準や社会的基準の国際的な標準化が進みつつあります。標準化を進める機関としては、国際標準化機構（ＩＳＯ＝International Organization for Standardization）があります。企業や各種団体の社会的評価・ガバナンスに関するガイドラインが最近になってＩＳＯ２６０００（社会的責任規格、２０１０年）として定められました。

このように、国連グローバル・コンパクト、国連責任投資原則、ビジネスと人権に関する指導原則（フレームワーク）、ＩＳＯ２６０００、さらにＯＥＣＤ（経済協力開発機構）

が1976年に責任ある企業行動への指針を定めて順次改訂してきた「多国籍企業行動指針」（2011年第5回改訂）など、一連の動きが形成されています。重要なのは、SDGsに準じて作られた「SDGsの企業行動指針―SDGsを企業はどう活用するか―」（SDGコンパス）において、これらの流れを集約した指針とガイドラインがまとめられていることです。

こうした動きを見るかぎり、企業行動をより持続可能なものに導くための基本認識や道標が示され、整備されてきていることがわかります。これらの枠組みを経済システムのなかにどう実現していくのか、強固に定着させる制度化と今後の広がりが注目されます。

〈第4章のポイント〉

経済の発展における歪みをどう是正するか、消費のあり方を変え、生産活動に変革を迫る動きが重要です。

そして消費の変革のみならず、より良い企業を育成するための投資の変革をめざすESG投資の動きなどが徐々に進展しています。

国際的にも、国連を軸とした社会的な投資原則が推進されており、SDGsを指針とした企業の社会貢献や事業展開などに期待が寄せられています。

第５章　SDGsを社会に活用・普及するために

１　暮らし、地域、企業の取り組み

さまざまな取組みが、消費・生産の見なおしの動きとして合流している様子がわかりました。それに関連して、私たちの暮らし方、生活様式が具体的にどんな環境負荷をもたらしているかに焦点を当てた活動が展開されています。

その一例として、１９９７年の気候変動枠組み条約の国際会議（ＣＯＰ３）の時期に、私が関わる環境団体と国際協力団体とが協力して取り組んだ「地球のためにダイエットを！」キャンペーンを紹介します。ダイエットといえば、自分がスリムになるため、あるいは健康のためにするものですが、「地球にダイエット」は、自分のためにも地球環境のためにもなるダイエットです。それは、過剰消費になりがちなライフスタイル（生活様式）

の見なおしと、南北格差の克服をつなげた運動です。
たとえば、マイカーに依存した生活や、冬に夏野菜を食べたり肉食への偏重や、海外などからの遠距離輸送に依存した食生活は、自然環境への負荷を高め、エネルギーを過剰消費する生活です。こうした環境負荷の大きな生活スタイルは、個々人の健康にマイナスとなるばかりでなく地球環境をも害します。

個々人の過剰消費的な生活をなおすことは、本人の健康（個人のダイエット）とともに地球の健康の改善（環境負荷低減）につながり、かつ余計な出費を減らすこと（生活のスリム化）ができます。そして健康の視点から無駄使いを減らして生み出された費用を、途上国の環境や教育改善に回していこうというのが、「地球のためにダイエットを！」の基本コンセプトです。

みんなが得をする「三方良し」の啓蒙活動として、持続可能な消費の意義がよくわかりますから、さまざまな分野で応用できるのではないかと思います。解説パンフレットが、ネットにて公開されています。http://www.jacses.org/ecosp/diet_for_the_earth.pdf

また、「エコロジカル・フットプリント（環境負荷の足跡）」という指標もあります。とくに過剰消費に傾きがちな先進諸国の生活が、地球システムに悪影響をおよぼしている様子、環境の許容量を超えてしまった状態をわかりやすく示す指標です。ネットで、「わたしの暮らしは、地球何コ分?」という診断クイズが公開されていますので、ぜひ試してみて下さい。

有限な資源や環境の限界内で、世界の人々が安心して暮らし、未来の世代にも迷惑をかけない暮らし方、持続可能な社会をどうつくり出していけるか、地球一つ分の生活について、私たちの世代がそのライフスタイルを考えるための参考になります。

http://www.ecofoot.jp/quiz/index.html（エコロジカル・フットプリント・ジャパン）

SDGコンパス

消費の側からの取り組みとともに重要なのが企業の取り組みです。前章で紹介した企業がＳＤＧsの取り組みに関わる際の手引きとなる「ＳＤＧコンパス」（企業行動指針）では、どのような導入の仕方を奨励しているのか、ポイントを確認します。

まずは、持続可能な開発・発展の重要性を理解することを前提としています。その上で自分たちが属している企業や組織が取り組むべき課題を抽出していきます。その際、大きく二つの視点から見ていきます。一つは、「インサイド・アウト・アプローチ」で、企業（事業）活動の関わりの内部からＳＤＧsに結びつく問題や課題を抽出する方法です。もう一つは、「アウトサイド・イン・アプローチ」で、世界的な視点での重要課題について取り組める課題がないかを検討する方法です。両方の視点から、取り組める目標課題を見い出すことで有意義な事業課題が生み出せれば、自分たちも、社会も、世界にとってもメリットが生み出されるとして奨励されているのです。

目標設定ができた後、実際の取り組みにおいては、「バリューチェーン（価値形成の流れ）」におけるSDGsとの関係づけ（マッピング）が重要です。製品が生み出されて廃棄されるまでの全プロセスにおいて、目標課題に関係する部分を特定して明示します。原材料の供給元から調達・物流の流れ、販売、使用、廃棄にいたる全過程への目配りと、そこでもたらされる正と負の影響について、各部署にて見定める作業を行います。

この手法は、以前から環境分野で二酸化炭素の削減や省エネ・省資源などについて行われてきたLCA（ライフサイクル・アセスメント）と同様の手法です。

ジャパンSDGsアワード

日本では2016年に首相官邸の下に「持続可能な開発目標（SDGs）推進本部」が設置されました。推進本部では「ジャパンSDGsアワード」を設け、企業や団体などを選定、表彰しています。第1回の2017年には、北海道下川町、特定非営利活動法人しんせい、パルシステム生活協同組合連合会、金沢工業大学、サラヤ株式会社、住友化学株式会社の６つの団体が選ばれ、特別賞として吉本興業株式会社、株式会社伊藤園、江東区立八名川小学校、国立大学法人岡山大学、公益財団法人ジョイセフ、福岡県北九州市の６団体が選ばれました。

普遍性、包括性、参画性、統合性、透明性と説明責任の５つの視点で評価されます。

下川町は、人口約３４００人、過疎で少子高齢化が進む典型的な課題先進地域です。下川町では自治基本条例に「持続可能な地域社会の実現」を位置づけて、①森林総合産業の構築（経済）、②地域エネルギー自給と低炭素化（環境）、③超高齢化に対応する社会の創造（社会）に統合的に取り組み成果をあげています。

下川町は以下のような評価を受けました。

普遍性：小規模自治体や国内における地方創生モデルになり得る。

包摂性：既住民のみならず女性を始め多様な人々が移住している。

参画型：バイオマス・ボイラ導入による燃料費削減効果額を基金に積み立て、社会的立場の弱い人への支援を実施している。

統合性：バイオマス原料製造による熱供給システムを核としたコンパクトタウン化などにより統合的に解決している。

透明性と説明責任：進捗管理機関および内閣府設置の評価委員会から評価を受けるとと

もに評価を踏まえた取り組みの軌道修正をしている。

以上、エネルギー自給、雇用、社会・福祉支援など日本の地方が抱えている諸問題について、包括的で相互連携的に課題解決し、成果をあげていることが評価されています。

企業としては、サラヤ株式会社の取り組みを見てみます。本業は、衛生用品と薬液供給機器等の開発・製造・販売です。評価された活動は、ウガンダほかにおいて、市民と医療施設の2方向から、手洗いを基本とする衛生の向上のための取り組みを推進したことです。「100万人の手洗いプロジェクト」として、商品の出荷額1パーセントをウガンダにおけるユニセフの手洗い普及活動の支援に当て、衛生教育や衛生マニュアルの提供などに取り組んでいます。さらに、持続可能なパーム油類の使用や、アブラヤシ生産地の生物多様性の保全に取り組むと同時に、消費者への社会倫理的《エシカル》な消費の啓発を実施しています。熱帯林の乱開発でパーム油問題が注目されている今日、原料調達で生態系への配慮は必須となっているためです。

評価内容は以下のとおりです。

普遍性：ウガンダにアルコール手指消毒剤を継続的に供給し、東アフリカの衛生向上とともに雇用も創出している。

包摂性：「100万人の手洗いプロジェクト」をユニセフの支援を通じて実施している。

参画型：生活用水が不足しがちなアフリカ諸国に対して、アフリカ製アルコール手指消毒剤を供給している。
統合性：衛生への取り組みによって多産から少子への移行を促し、教育の機会確保、女性の社会進出という生活向上の実現をめざしている。
透明性と説明責任：ウガンダやボルネオでの取り組みをサラヤの持続可能性レポート等で随時更新、公開している。

サラヤの事例は本業をベースとしながらも、その延長で社会貢献として世界的な課題に取り組み成果をあげています。とくに貧困に苦しみ取り残されがちな社会を包摂して、効果的な生活改善につながる活動展開が評価されています。先の下川町がローカルな取り組みとするならば、サラヤの事例はグローバルな展開の事例ということになります。

その他の受賞団体も、それぞれに独自の取り組みを展開をしていて参考になります。表彰された事例はいわば、モデル事例として、点から線に、そして面への展開が期待されています。国によるこうした後押しがいっそう広がっていくこと、国連の呼びかけの下、さらに同様の試みが各国ベースで取り組まれることで、ＳＤＧｓが世界的に普及していくことが期待されています。

2　世界がめざすＳＤＧｓの現状と国際比較

ＳＤＧｓの取り組みを国際比較した「ＳＤＧｓ指数と計測２０１７」という興味深いレポートが公表されています。これは国連のシンクタンク、持続可能な開発ソリューション・ネットワーク（ＳＤＳＮ）が財団の協力を得て行ったものです。

17のゴール目標について、１５７か国の利用可能なデータを収集し、達成度をチャートで示し、各国をランクづけしています。日本は11番目です。このレポートは比較しているデータについて不十分な点もありますが、世界が向かおうとしている目標に対して、自分たちがどのような位置にあるかを明示されている点では参考になります。

日本の場合、11位とおおむね高い評価のなかで、「ジェンダー」「消費・生産」「気候変動」「海洋」「陸域」「国際協力」の達成度が低いとされています。ちなみに上位はスウェーデンを筆頭に北欧諸国が占めているのに対して、アメリカは42位、ロシアは62位、中国は71位となっており、大国としての内実が問われています。いわゆる発展途上国の多くは、貧困や飢餓、経済インフラなどの各指標レベルが低いことで順位が低くなっています。

最上位のスウェーデンと、大国でありながら下位ランクに位置しているアメリカ、ロシア、中国のチャートを比較してみます。

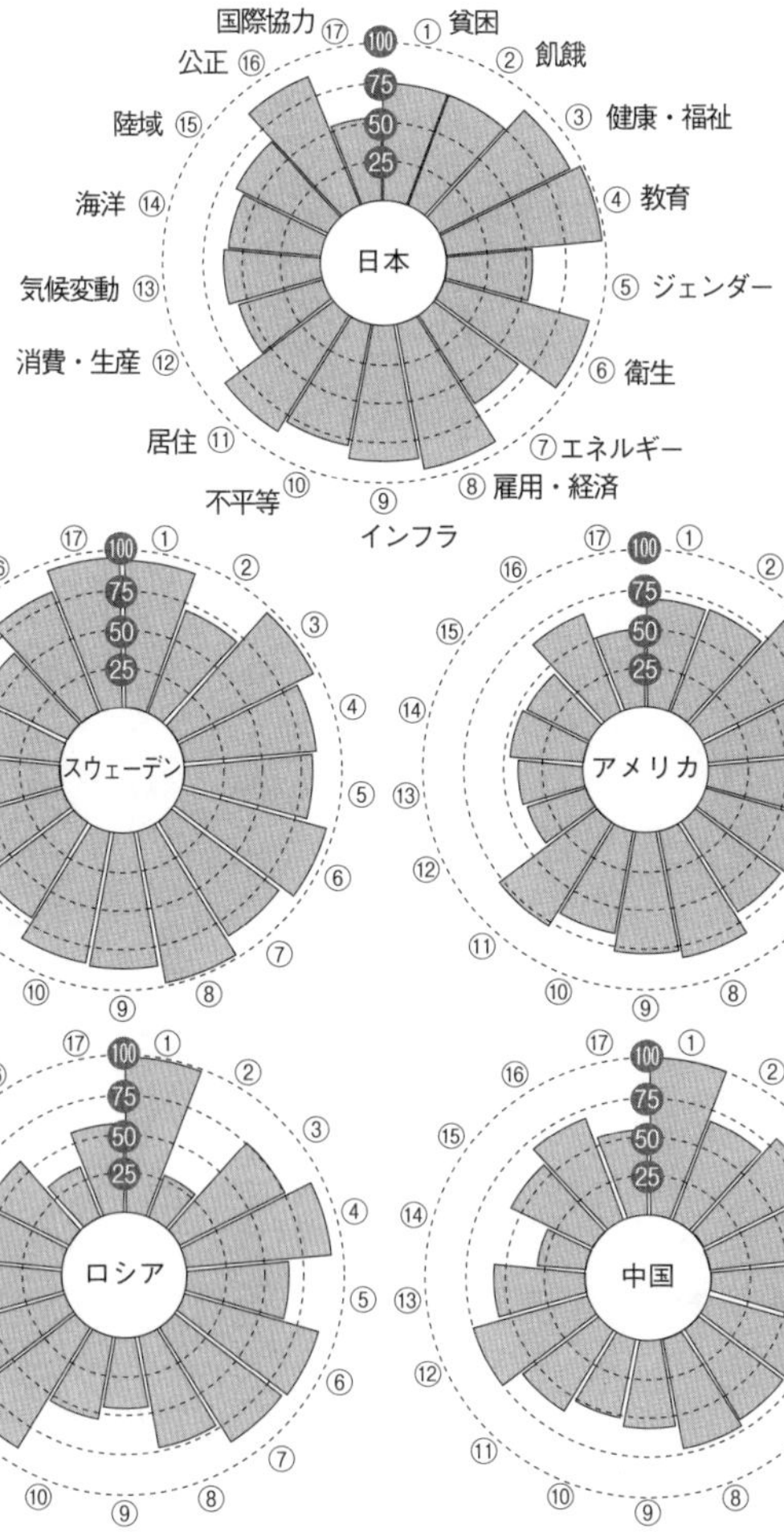

日本、スウェーデン、アメリカ、ロシア、中国、５か国のSDGs17の目標ごとの達成度

SDG INDEX & DASHBOARDS 2017 REPORT（Sustainable Development Solutions Network（SDSN）and the Bertelsmann Stiftung）より作成

第1位となったスウェーデンでも、先進諸国に共通するエネルギーや消費レベルが高いことで、「海洋」「陸域」など環境負荷での達成度に課題があると評価されています。「飢餓」の項目で、評価が低いのは、この指標には飢餓のみならず肥満も評価対象になっているためです。「健康・福祉」「雇用・経済」「国際協力」などが高いことはうなづけます。

次に第42位のアメリカを見てみます。環境面での低さは先進諸国と共通するところですが、「不平等」「国際協力」が低く、「貧困」「飢餓」でも問題があるとされています。これは貧困・格差が人種間や民族性の違いに現れたり（移民問題）、自己責任を重視する文化の反映でしょうか。

第62位のロシアで目立つのは、「健康・福祉」「不平等」「公正」などが低いことです。第71位の中国の場合は、やはり「健康・福祉」「不平等」の低さとともに、とくに「海洋」「気候変動」などの環境面に課題があるという評価になっています。

ここで注意したい点は、ロシアも中国も「貧困」の指標において、ほぼ100になっていることです。この指標データは、国際的貧困ライン（1日1・9ドル）以下の生活者の少なさ（割合）から取っています。しかし各国毎に異なる生活コスト（購買力による調整）を加味したデータの限界かもしれませんが、結果的に社会主義諸国はほぼゼロすなわち満点に近い数字となっています。冒頭で、データの不十分性を指摘しましたが、その点についての典型例と見ていいでしょう。

国によって規模や国民構成、政治体制や制度の組み立てなどに大きな差異があるので一律での比較は難しい面があります。しかし、国連が定めた新目標を共通基盤にし、持続可能な社会形成への道標を示す意義としては興味深いものです。17の大目標《ゴール》を含む「2030アジェンダ」は、北朝鮮も含めて国連総会参加国の全会一致で採択していますので、法的な履行義務のない目標ではあっても、基盤を共有することはとても重要です。

ローカルな地域（ミクロ）レベルから、各国のマクロレベルまで、SDGsの目標に向かうこれからの動向に注目していきたいと思います。

〈第5章のポイント〉

SDGsを指針とした動きが、国内でも徐々に取り組まれ始めています。17の目標を個別に見るのではなく、複数の相乗効果や関連性を重視して連携効果が生まれるような取り組みが期待されています。

SDGsの取り組みは徐々に実践的な成果が生まれていますが、まだまだ困難な課題も多く、世界的に見ると国際比較での評価は始まったばかりです。各国での達成に向かう動きはまだ温度差があり、盛り上がりとしては道半ばの展開状況です。

第6章　日本社会の歪みをどうする？

1　いじめが増加する生きにくい世の中

今、日本社会で暮らすことは、幸せでしょうか？　さまざまな努力にもかかわらず、日常的世界では「みんな幸せ」とはなっていないようです。

モノが不足し不便だった昔とくらべて、現在はモノであふれ豊かで便利です。技術が進歩し、経済も発展してきています。それなのに、どうして幸せになれないのでしょうか。それどころか、逆に生きにくさが増しているようにも感じられます。これからの社会を担う子どもたちにも、排除や差別、ときには抹殺につながるような出来事が生じています。

文部科学省の２０１６年の調査によると、特別支援学校を含む小中高校でのいじめの件数が、認知されているだけでも過去最多の32万3千８０８件となり、22万5千１３２件だった前年より44パーセントも増えています。文部科学省は、認知数の増加は、積極的な認知と早めの対応が浸透したことの反映ではないかとしていますが、暴力行為の発生件数も５万９千４５７件と５パーセント増加しています。深刻な事態です。

一方警察庁が発表している自死（自殺）数をみると、２００６年に自殺対策基本法が施行されたこともあるためか、全体の総数としては３割減少しています。ところが、そのなかで小・中・高校生の人数を見ると、ここ10年間減少しないまま年間３００人前後で推移していて、２０１６年度は３２０人と高止まりの状態です。

子どもたちの自殺の原因は、「学校問題」が36・3パーセントで最も多くなっています。「ばい菌」や「死ね」と言われたり、中傷、無視、陰口、暴行を受けるなど、人格と存在を否定される、いじめにあったことによる自殺です。その無念さは、「毎日が地獄だった」「いじめがなければもっと生きていたのにね、ざんねん」などと書き残されています。自死した子どもたちが過ごすはずだったこれからの人生を思うと、やるせないほど心が痛みます。

一般化しにくいとは言え、いじめは人間社会に広く見受けられる行為です。「人間」という言葉に示されるように、人は一人だけの存在ではなく「間がら」が必ず伴います。その間がらをどのように組み立てるか、社会的な集団ではさまざまな関係性が築かれてきました。

幼い子どもの成育過程では、モノの取り合い、独り占め、突っつき合いをはじめ、思いやり、取り引き、優越感や支配欲、権威へのあこがれや従属意識などの関係性が現れます。そして、そこにはいじめの萌芽も見受けられます。

人間の特性を究明する心理学では、いじめについて多くの研究がなされてきました。いじめの背景には、仲間意識を形成するために弱い者や変わり者を執拗に排除・攻撃して優越意識を高める心理的な動き、同一性に傾きやすい集団迎合性の動き、ストレスやうっぷん晴らしなどの要素が働いているだろうと指摘されています。

いじめる側（排除する側）は、ある種の優越感や面白半分のような気持ちでの行為かもしれませんが、いじめられる側（排除される側）にとっては生死にかかわる深刻な事態を引き起こします。最近の研究では、肉体的な損傷と同じように、侮蔑や罵倒や拒絶が心理的外傷（脳の部位への悪影響）を与えることが明らかにされています。

まわりの人たちからの拒絶や排除による社会的孤立は、身体ダメージと同じ大きなストレスです。そのような不本意な社会的孤立によって、情緒が不安定になるばかりでなく、怒りや攻撃性が高まります。それが自分に向かうと自殺につながり、他者に向くと争いにもつながる恐れがあるのです。

人は他の人々と親密につながりたいという親和欲求をもっています。親和性は、共感の感情による一体感や安心感、さらには高揚感、自己意識の拡張にもつながります。愛情をもって他の人から受容されることは、身体的な痛みさえも和らげる効果をもちます。苦難を負った人が宗教的な救いを求めることも、包み込まれる親和的感情によって痛みや苦悩が和らげられる一面があるからではないかと思います。

人々の関係性の中では集団心理的な綱引きがさまざまに生じますが、波風が和むように安定性を保ってバランス調整されていくのが常です。しかし、制御できない外圧やストレスが高じたとき、悲惨《ひさん》な結末に向かわざるをえない状況が現れます。とりわけ排除され拒絶されてきた人がもつ自己喪失感とやり場のない怒りが蔓延《まんえん》している場合、弱いものや異質なものへの攻撃をさらに拡大させていく事態が起きやすいのではないでしょうか。

大人の世界でもいじめが蔓延している？

学校での深刻ないじめ問題には、社会的な背景・土壌が関係していると思われます。学校という場に集う子どもや教師や親御さんたちは、他面では、一般社会というより広い関係のなかで生きていますので、ある意味、そこに社会全体の状況が陰に陽に影響している側面を見逃すことはできません。

最初に注目したいのは、２０１２年（平成24年）に子どものいじめ認知件数が増加して

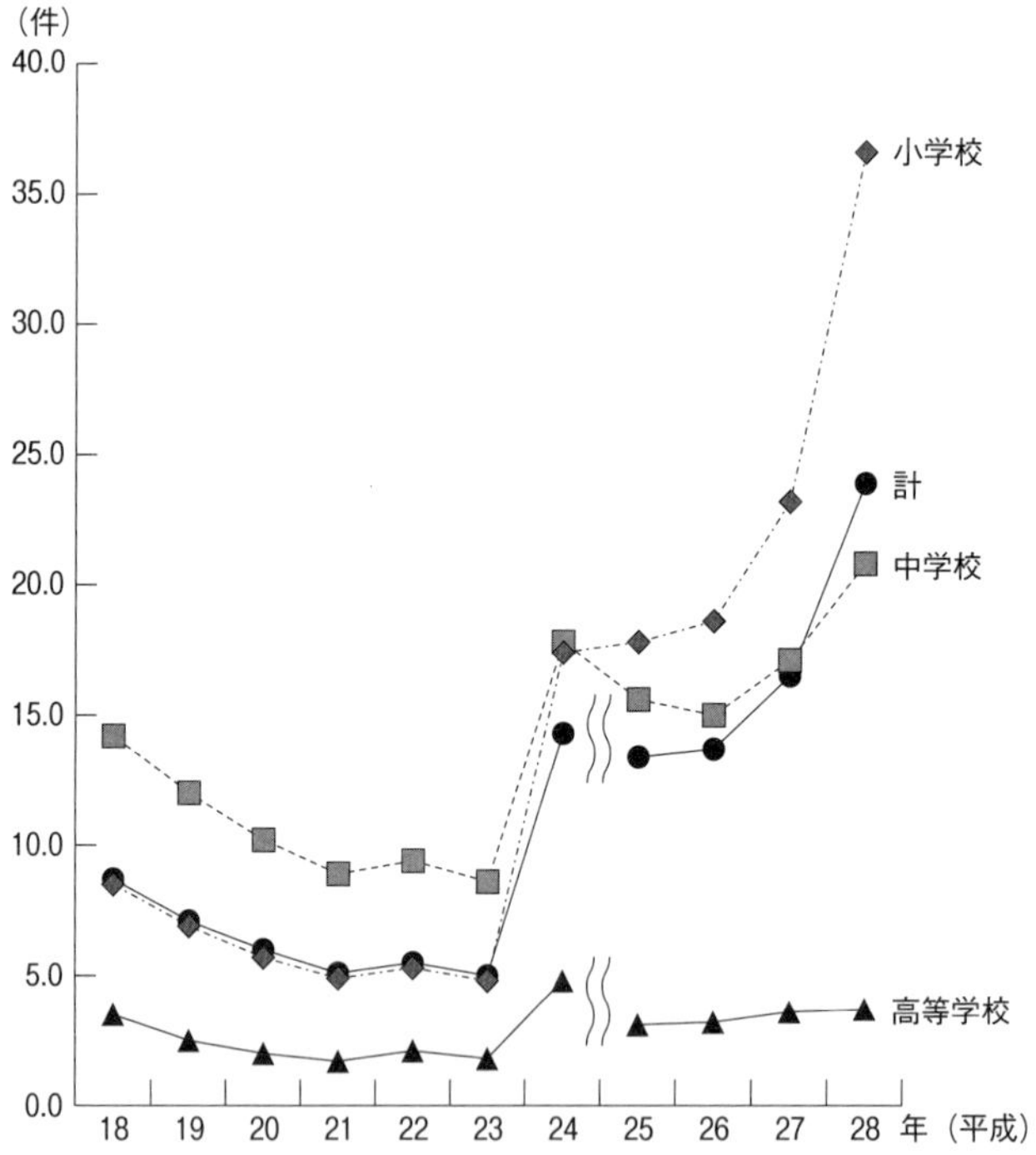

いじめの認知（発生）率の推移（1000人当たりの認知件数）

文部科学省、平成28 年度「児童生徒の問題行動・不登校等生徒指導上の諸課題に関する調査」（速報値）より作成

＊平成25年度から高等学校に通信制課程を含める

いることです。前年に起きた東日本大震災と関連があるかもしれないことが気がかりです。原発事故に関連するいじめとして、避難してきた子どもが「福島へ帰れ」「放射能がつくから近づくな」と言われたり、「放射能」というあだ名で呼ばれたケースが報告されています。

また、震災による放射能汚染という特定の出来事の影響とは別に、より全体的な問題状況について考える必要があります。一つは、一般社会での仕事や職場での人間関係のなかで問題が蓄積されている可能性です。背後には就労における人々の不安な状態があります。

正規雇用に対して非正規の不安定雇用が増加しており、1990年代と比べて非正規雇用者の数は現在では2倍以上になりました。非正規雇用者が就労者の4割近い(37・5パーセント、2015年度）比率になる一方で、正規雇用者数は減少しています（総務省『労働力調査』より）。

このように雇用状況が不安定化するなかで、過労死などの深刻な事態が起きています。過労死・過労自殺者の数は、この10年ほどは年間500人弱で推移しています。毎日一人以上が亡くなっている計算になります。過労死にいたる状況については、職場でのストレスが大きくなっていることが推測されます。厚生労働省が2016年に初めて出した『過労死白書（過労死等防止対策白書）』では、職場での問題が年々深刻化している様子が明らかにされています。

職場のトラブルのなかでもいじめや嫌がらせについての相談件数を見ると、２００２年の６千６２７件から年々増加し続け、２０１５年にはなんと６万６千５６６件にのぼっています。いじめの問題は学校での子どもたちに限ったことではなく、大人の世界でも深刻な問題だということです。

また、職場の状況は、業務による厳しいストレスからの精神障害が増加していることにも現れています。この白書は、精神障害に関わる労働災害の申請件数が、いじめ件数とよく似た傾向で年々上昇を続けてきた様子も示しています。

こうした大人社会の状況を見るかぎり、子どもの世界や学校社会にも何らかの影響を与えていると推察できます。

いじめ問題は社会が抱える問題とつながっている

身近な問題でも、その背後にはより複雑で大きな問題が関係している可能性があります。そして、それらが重層的に絡んでいる点を意識することが大切です。子どもの世界に生じている問題が、実は社会の根本的問題と連動したものだとすれば、場当たり的な対策では対応できません。

職場環境や雇用状況は、日本経済の動向や、規制緩和など国の政策に影響されています。そして日本の経済は、株価の動向、国際競争、貿易や投資や通貨に関わる世界経済の影響などをつよく受けています。

身近な生活での生きづらさがあるとき、それは、そこだけの問題ではなくて、表面的には見えないかもしれませんが、より深いより大きな問題とつながっているのです。広く注意を向けていくことで、問題の根深さや背後に隠れているより大きな問題への理解につながります。病気にたとえれば対症療法だけではなく、体質改善や健康増進などで背後に隠れている環境要因や病根をさぐる根治療法まで行きつくということです。

本書の冒頭で、物事のとらえ方を、時間的、空間的に大小さまざまなスケールで拡大したり縮小したりして見ていく「魔法のメガネ」が大切だと述べました。身近な問題とその周辺に、より大きな領域で問題が重層化している点を考えることが重要だからです。実際、子どもと大人とは別々の世界に生きているのではなく、両親、親族、周辺の大人、友人関係、社会的にはネット情報やテレビの情報などにも大きな影響を受けています。

たとえば巨大な構造物を想像してみてください。その大きな構造物が揺らいでいれば、その中の部分にも影響がおよびます。このように、マクロとミクロが入れ子構造のように影響しあう関係があります。社会の姿を巨大構造物にたとえましたが、実際にはそれは無数ともいえる生きた人間が日々作り上げている流動的で複雑なものです。小集団での一人ひとりの意識や行動、さらに小規模な集団が無数に広がる社会でそれぞれどう影響しあっているか、簡単には相互関係やメカニズムはわかりません。しかし、そこには何らかの関係性が隠れていることがあります。

いじめ問題のような身近な世界の出来事でも、社会が抱えている労働環境や経済状態との関わり、グローバル化にゆれる現代世界の巨大な構造変化などとも関わりがある可能性に目を向けることが重要です。

また、現在の問題を考えるにあたっては、そこに至るまでの歴史的経緯や時代の変遷という時間軸を広げた見方も必要です。いじめ問題にしても、その時点での出来事というだけではなく、長い歴史的な経緯が積み重なってきたものでもあります。

2 今日本の社会はどうなっている?

私たちは、モノがあふれる豊かな時代を生きています。世界中から食料が調達でき、石油・石炭・ガス、天然資源などが続々と供給されて、ショッピングセンターには商品があふれています。多くの人が日々の食事に不自由することなく、過食やメタボリック症候群が心配されるほどです。電気、ガス、水が不断に供給され、交通網も整備されて、年間1千700万人近い人々が海外旅行を楽しんでいます。

一方で、国内人口数は停滞局面に入り、少子高齢化時代をむかえるとともに世界的な長寿国となっているのが今日の日本です。厚生労働省の高齢者調査によると、2017年には、100歳以上の人口は6万7千人にのぼり、毎年数千人のペースで増加しています。100歳人口の調査が始まった1963年には153人でした。それが、1998年に1万人、2012年に5万人を超えて年々増加し、この5年間でも2倍近く増加し、世界に類を見ない急速なスピードで超高齢社会をむかえています。

一方、内閣府『少子化社会対策白書』を見ると、日本の出生数と15歳以下の子どもの数は、1980年代以降減少し続けています。2016年、一人の女性が生涯に産む子どもの数（合計特殊出生率）は1・44となり、総人口数は2008年頃をピークに減少し始めています。

子どもの数が減少するなかでさらに注意しなければならないのは、子どもの相対的貧困率の高さです。相対的貧困率とは貧困ラインを下回る所得しか得ていない人の割合です。90年代半ばごろから上昇を続けており、2012年に16・3パーセントに達し、6人に1人の子どもが貧困に苦しんでいます（内閣府『子ども・若者白書』より）。子どもの貧困とは、実際には親が貧困ということです。前節で、学校のいじめ問題や子どもの自殺問題を取り上げましたが、将来を担う若い世代に困難さが生じている現状はきわめて深刻です。

日本経済は1990年初頭までのバブル経済以降、停滞局面にはいり、国内総生産（GDP）の実質成長率はほぼゼロの定常状態となっています。雇用面では、事業の浮き沈みや仕事と雇用の海外流出が進んでおり、先述したように非正規雇用の割合が増加して半分近くになりました。一時期より減ったものの、年間自殺（自死）者数は、2017年も2万1千人強（速報値）となって、交通事故死者数の約6倍弱の規模です。また、近年は、20歳以上の自殺者は減少しているのに対し、既述したように19歳以下の小中高校生では横ばいか増加しています。

人口の減少や少子高齢化だけでなく心配されているのが、過疎化と大都市への人口集中の問題です。とくに深刻なのが地方での急速な人口減少です。この問題に警鐘をならす「消滅可能性都市」というショッキングな内容の報告が、2014年に民間の研究機関から発表されました（日本創成会議、人口減少問題検討分科会「ストップ少子化・地方元気戦略」提言）。2040年までに全国の896の自治体で、20～39歳の女性が半減するとの報告の試算予測をめぐって議論が百出しました。とくに地方の自治体では危機感が高まり、その後、さまざまな対応策が取り組まれだしています。

日本社会の問題を先取りしている被災地

地方のなかでも深刻な状況にあるのは、２０１１年に東日本大震災の被害を受けた東北沿岸地域です。地域の復興が進められているものの、若者の流出など深刻な人口減少が続いており、地域の存続をめぐって葛藤と努力が続いています。被災地の状況は、いわば日本社会が直面する深刻な状況を先取りしています。この問題についてはのちほど論じます。

日本社会の現状を中・長期的な時代変化のなかでとらえてみると、これまでの時代とは大きく様変わりしており、先行きが不透明な変動期にさしかかっていると言えます。ＳＤＧｓの国際比較でも指摘されていますが、持続可能性に関して日本社会に突きつけられている課題に、ジェンダー問題と政府の財政赤字問題があります。

「世界経済フォーラム」が発表した２０１７年版「ジェンダー・ギャップ指数」では、日本は調査対象１４４カ国のうち１１４位となり、前年より３つ順位を落として過去最低となっています。とくに政治分野が低く、経済分野でも男女賃金格差、教育分野でも高等教育での格差が大きいことが指摘されています。教育の格差は、とくに子どもの貧困問題においても母子家庭の苦境として現れています。

もう一つの国の財政赤字については、先進諸国の中では最悪の状況です。国と地方の合計の借金（長期債務残高）は1千100兆円と日本のGDP（国内総生産）の2倍もの規模に膨らんでおり、さらに毎年約10兆円規模の赤字を積み上げている状況です。いわば収入の倍規模の借金を抱えている状況で、正常とはいえません。政府保有の資産があり、国としての経常収支は黒字なので心配しなくてもよいという論者もいますが、収支バランスの歪みはリスク要因であることは確かです。いずれ何らかの形で調整局面をむかえますから、問題先送りの時間稼ぎ状態から脱していく必要があります。

歴史上まれにみる健康長寿を実現しつつも、世界最速で超高齢化し、少子化問題、地域の衰退、財政赤字、ジェンダー不平等などの問題を抱える日本は、いわば世界が取り組むべき社会問題を凝集させていると言ってもいいでしょう。また世界史的視点に立てば、長い歴史の歩みの中で急速な近代化と急激な人口増加というまれにみる経済発展をとげてきました。急激な膨張期を経て縮小局面に入り、安定期をむかえるという見方も成り立ちます。そのようにとらえると、日本はいわば世界のミニチュアとしての社会実験場と考えることが可能です。

３　私たちの世界を変革する――新しい「公・共・私」の形成

これまで見てきたように、巨視的（マクロレベル）には消費・生産や投資のあり方を改革する動き、個別事例（ミクロレベル）ではＳＤＧｓを企業・自治体・諸団体が課題解決的に取り組む動きが顕在化しています。こうしたマクロ、ミクロレベルの動きが、点から面へとつながって、持続可能な社会が実現されるでしょうか。

一方で、競争社会の渦中にある企業では過労死問題やブラック企業などと呼ばれる過重労働を強いる実態があります。理想へ向かう取り組みの動きと、現実社会の矛盾や問題とのギャップは、どのように埋められるのでしょうか。

前述のようにＳＤＧｓについては、推進本部が首相官邸の下に設置されていますが、官邸のサイトを見ると、「成長戦略」「働き方改革」「まち・ひと・しごとと創生」「ＴＰＰ協定」「一億総活躍社会の実現」などが中心テーマで、ＳＤＧｓ推進は表には出ていません。国の定めたＳＤＧｓの実施指針を見てみると、以下８つの優先課題があげられています。

①あらゆる人々の活躍の推進
②健康・長寿の達成
③成長市場の創出・地域活性化・科学技術イノベーション

④持続可能で強靭な国土と質の高いインフラの整備
⑤省・再生可能エネルギー、気候変動対策・循環型社会
⑥生物多様性・森林・海洋等の環境の保全
⑦平和と安全・安心社会の実現
⑧ＳＤＧｓ実施推進の体制と手段

以上は、従来の政策と考え方の延長にＳＤＧｓを取り込んだものという印象です。国連が採択したＳＤＧｓを含む「２０３０アジェンダ」宣言の冒頭には、「私たちの世界を変革する」と強調されています（52ページ参照）。従来の延長線ではなく、もう一歩進めて社会・経済システムのあり方への根本的な見なおしを求めているのです。

では、そのような見方で社会の変革方向を考えると、将来展望は、どのようなものになるのでしょうか。深刻な格差拡大や地域経済の衰退、地球環境の危機などを前にして、今日の競争・成長型経済がこのまま永続すると考えるより、内外とも行き詰まりを迎えているととらえるほうが合理的です。これまでの経済システムの拡大・膨張路線は調整局面に入ってきたのです。

とくに、深刻化する格差を前にして、生産活動が生み出す利潤の分配において社会的公正が求められる時代をむかえています。これまでの国家の政策では、税制や社会保障制度

とりわけ所得の再配分や労働条件の整備などが軽視されてきたため、社会的公正が十分に実現されてきませんでした。逆に、経済優先のグローバル化の進展でその枠組みは弱体化してきたのでした。とくに、80年代に始まる規制緩和など新自由主義の隆盛によって労働組合組織は縮小や解体を余儀なくされ、市場競争（自由貿易）の拡大が優先されてきました。

労働条件に関しては、国際的に、人権に関する多国間条約である「国際人権規約（社会権規約、自由権規約）」やＩＬＯ（国際労働機関）で採択された「国際労働条約」などで定められてきたましたが、十分に機能してきませんでした。また二重課税と脱税回避のための2国間条約「租税条約」もありましたが不十分でした。今日、貧困・格差が拡大するとともに、租税回避などの問題がより深刻化してきました。今日、グローバルに社会的公正を実現していく枠組みの強化と諸制度の形成が急務となっています。

新しい経済の形

一方で、私たちの身の回りの生活でも変化の兆しが見受けられます。モノをたくさん所有する暮らし方から、分かちあいや共有《シェア》する関係性を重視する暮らしが見なおされています。バザーや、ガレージセール、フリーマーケットが繁盛し、車や家や部屋、菜園などを共有するシェア・エコノミーの考え方が生まれ、さまざまな実践が始まっています。

その現れとしては、社会に目を向け、暮らし方の質や社会的な手ごたえを求める若者たちが増えていることがあげられます。それは、とくに3・11大震災以降に顕著になりました。総務省が進めている都会から地方へ人材をおくる「地域おこし協力隊」の事業にも、多数の若者が応募しています。若者の仕事や職業の選択でも、高収入優先の就職活動だけではない、働き甲斐、人助け、社会に役立つ仕事へと意識が広がりだしたように見えます。そうした受け皿として、NPO（非営利団体）やボランティア活動も定着し始め、社会貢献につながるソーシャルビジネス（社会的企業）、協同組合の動きも活発化しだしています。

このような動きは、世界的にも活性化していて、グローバル市場経済の矛盾に対抗するさまざまな勢力が立ち上がっています。先述した国連の「グローバル・コンパクト」には多数の世界的企業が参加しており、注目すべき動きの一つです。これは、経済の中核を担う大企業の先進的な取り組みに期待する動きです。

他方、経済規模は小さいですが、利潤追求と一線を画して社会的課題にダイレクトに取り組む事業体に、NPO、社会的企業、協同組合などがあり、それらは、市場経済の競争原理だけでは成り立ちにくい課題や、行政だけでは十分に取り組めない社会的弱者に手を差し伸べる動きを積極的に展開しています。いわば、従来の「市場経済」（自由主義・競争経済）の一角にソーシャル・エコノミー（社会的経済・連帯経済）という新領域ないし補完的な領域を形成する動きと言ってよいでしょう。

ここで、私なりの将来展望について簡潔に示しておきます。

今後の経済のあるべき姿として、過度な経済成長や市場競争に偏ることのない仕組みが求められていると考えます。すなわち、20世紀初頭の経済史家のカール・ポラニーが示した、経済関係の基本的3類型（互酬《ごしゅう》、再分配、交換）を土台にして、市場交換に基づく「私」セクター、再分配機能に基づく「公」セクター、互酬機能に基づく「共」セクターという、三つのセクターのバランス形成において将来社会が展望できます（機能面に注目した言葉としてはシステムを、社会領域に注目した言葉としてセクターを使用しています）。

三つのシステムの相互関係は、図（117ページ）に示した通りです。（実際の社会では、3類型の諸要素は重層化して内在しており、あくまで理念系としての提示です）。

とくに市場メカニズム（自由・競争）を基にした「私」セクターや、計画メカニズム（統制・管理）を基にした「公」セクターのみが目だつ現代社会に対して、協同的メカニズム（自治・参加）を基にした「共」セクターの展開こそが、今後の持続可能な社会の形成において大きな役割を担うものと期待されます。

行政の画一的な事業や、企業の営利活動のみでモノやサービスが提供される時代から、

「公」と「私」の中間域に位置する活動領域が徐々に広がっています。すなわち、社会連帯経済（協同組合、ＮＰＯ、社会的企業）などの事業展開や、成熟社会の進展のなかで各種ボランタリーな活動やシェア・エコノミーが活性化し始めているのです。

成長一辺倒に傾かない持続可能で安定した社会を実現するためには、利潤動機に基づく市場経済や政治権力的な統制経済だけでは十分に機能しないことはすでに証明されています。それは、市民参加型の自治的な協同社会の形成と強化によってこそ可能となるでしょう。そしてとくに「私」と「公」の二つのセクターの中間領域である地域レベルの環境保全、共有財産《コモンズ》、コミュニティ形成、福祉、各種公共財、地域・街づくりなどの運営において大きな力を発揮します。

さらに世界レベルでも環境に関わる国際的な取りきめ（国際条約）、大気・海洋・生物多様性、平和構築など国際公共財《グローバルコモンズ》の共同管理において、市民参加や各種のパートナーシップ形成が重要な役割を果たすと考えられます。「私」と「公」の中間領域に位置する「共」セクターは、場合によっては小さな集団の共益追求に落ち込みやすい側面をもちます。そこに、開かれた市民社会の形成の質が問われます。その点では三つのセクターの相補的なバランス形成が求められます。

このようなダイナミックな展開については、経済・政治領域のみならず文化面や、社会

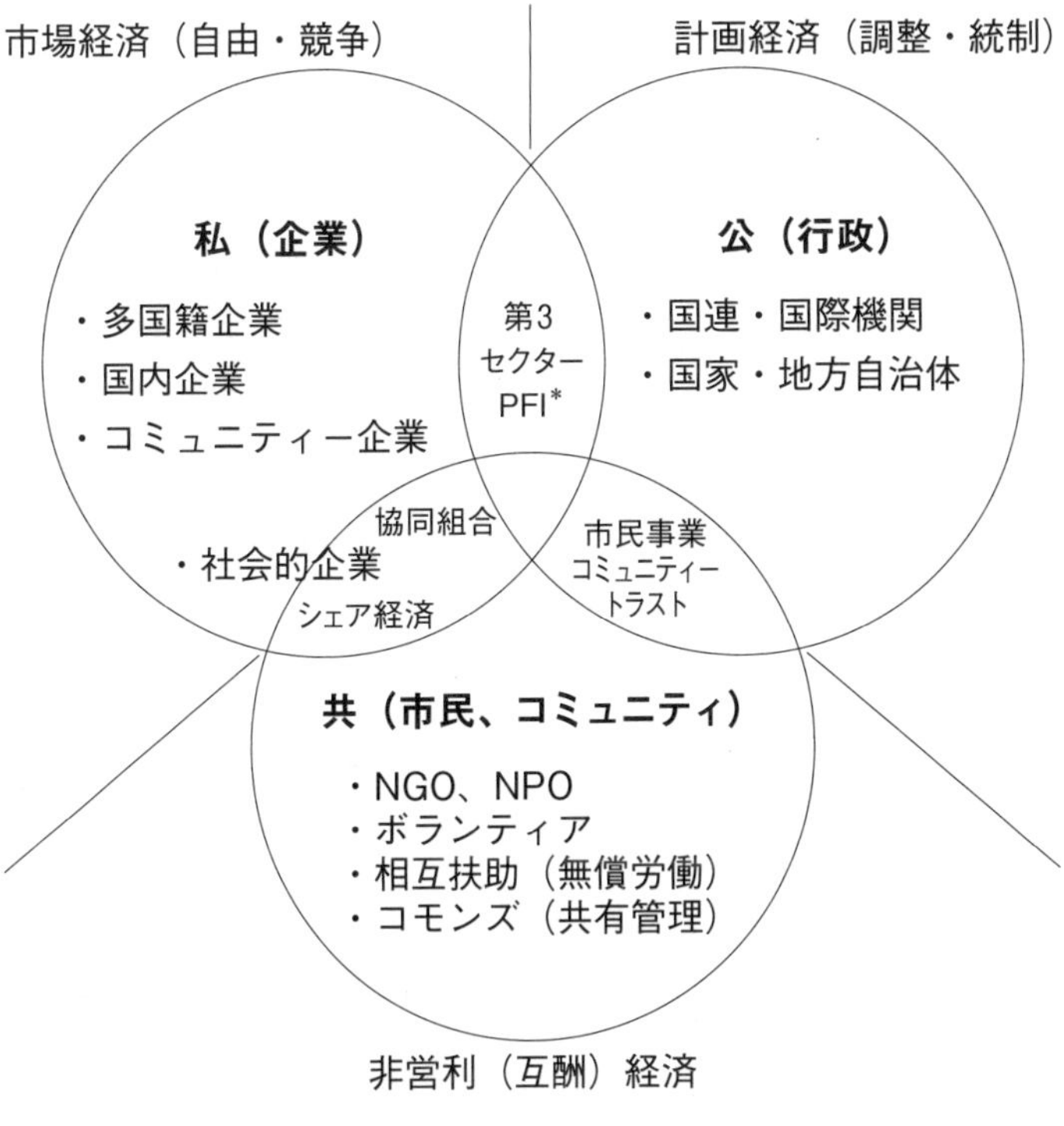

＊PFI = Private Finance Initiative

三つの社会経済システム

的な倫理意識、教育の役割なども重要でしょう。環境、経済、社会の調和をめざす持続可能な発展とは、こうした共生・共存型の社会像として展望できるのではないでしょうか。

いわば社会構造の転換が求められるわけですが、その構造変革には時間がかかりそうです。すなわち財政赤字ほかの従来の経済が抱え込んだ負の遺産に時間をかけて対処していきながら、貨幣経済《マネー》にあまり翻弄されない社会の形成を進めていくことになります。負の遺産の大きさを考えると、それは世代を超えた取り組みになるのではないでしょうか。

〈第6章のポイント〉

向かうべき理想と厳しい現実との大きなギャップを前にして、社会や経済の成り立ち方の根本的な転換が求められています。

社会的ストレス、超高齢化と人口減少の問題に対して、競争と効率中心の市場経済に過度に傾くことから方向転換し、共に助け合う（互酬）関係を中心におく「共」セクターの強化が求められているのです。

「公」「共」「私」の三つのセクターのバランス形成からなる、新たな社会・経済の仕組みづくりが期待されています。

第3部　文化と環境から未来を見とおす——多様性を手がかりに

日本は、1990年代からのバブル崩壊後に長期にわたる経済の低迷期をむかえました。その経済状況は、2007年からの世界金融危機を契機に欧米社会が陥った停滞局面を先取りしたかのようでした。

かつて「ミナマタ」など公害問題で世界に警鐘を鳴らし、公害防止や省エネ技術の発展で、日本は世界をリードしました。気候変動条約における「京都議定書」（1997年）や、生物多様性条約における「名古屋議定書」（2010年）のような地球環境問題への対応などでも、不十分ではありますが、国際社会と密接に結びつく動きを見せてきました。

日本社会は、世界の諸問題を凝集して体現しており、世界の諸課題を先取りしていると見ることができます。その点をふまえて、私たちの未来について考えます。

第7章 伝統文化が秘めるレジリエンス 震災復興とコミュニティ形成

1　祭事、郷土芸能が呼び起こしたもの

日本社会が直面する諸課題を先取りしているかのような東日本大震災の被災地で、困難な事態から復興への歩みが進行しています。高齢化や若者の流出などの厳しい状況のなかで、高台への移住、復興住宅や防波堤建設などハード面での復興に目が向きがちですが、一方で、人々の暮らし・コミュニティ・文化面での再建の重要性が、あらためて認識されています。

震災を契機に、人々の暮らしの基底には歴史・文化的な水脈があること、危機的な状況下でその力が甦《よみがえ》り、出現する様子を目の当たりにしました。豊かな自然・伝統文化を育んできた東北地方、三陸地域一帯は、祭りや神楽《かぐら》などの郷土芸能が、人々の日々の暮らし

と深く結びついて継承されてきた地域です。そうした文化的な力が、震災・復興の過程における再生の原動力として見直されています。

実は今まで、個人的には祭りや郷土芸能、神楽についてそれほど関心を抱いてはいませんでした。それが、震災を契機に東北の被災地を訪ねて、現場でその力強い姿に接したことで目を開かされました。なんとも言えない心底から魂を揺り動かされるような躍動感、懐かしい思いが湧き出てくる体験を重ねるなかで、次第にその潜在的な意味に気づかされたのです。祭りや芸能、祭事に際して、人々の孤立した心が一体感をもってつながりあう様子について、私が目にしたいくつかの例を紹介します。

けんか七夕《たなばた》

2013年8月、美しい松林が津波で流され、唯一残った奇跡の一本松で有名になった岩手県の陸前高田で、復活した「けんか七夕《たなばた》」の祭りを観ることができました。すべてが流され消失してしまった地区ごとに、巨大な山車《だし》（御輿《みこし》）を再建して行われました。京都の祇園祭を彷彿させる豪華なもので、漁師町の気風もあってよりダイナミックで荒々しいものです。がれきが山となって置かれている広大な被災地のなかの道路を、それぞれのグループが巨大な山車を引き回していきます。クライマックスでは町内ごとの山車を、かけ声とともにぶつけ合って、互いの御輿の棒をぐいぐい押し合う力強いものでした。

御輿に飾られた大きな灯籠には、今は失われて無くなってしまった町内の絵地図がぎっしりと書き込まれていました。被災してばらばらに仮設住宅に住むようになった人々が、「けんか七夕」の祭りで一堂に会し、旧居の様子が描かれた絵地図に見入る姿が印象的でした。絶ち切られた過去とのつながりを埋めもどすような力が、祭りの場面で随所に立ち現れていました。過去と現在が交差する独特の世界に人々が吸い寄せられ、そこでは熱気と静けさが交じりあう特別の雰囲気が醸《かも》し出されていました。

関連サイト：http://tohoku-standard.jp/news/report/kenka-tanabata/

南部神楽《なんぶかぐら》

宮城県石巻市北部の十三浜大室《じゅうさんはまおおむろ》地区では、何度か足を運ぶなかで「南部神楽《なんぶかぐら》」の復活の動きに接することができました。被災によって住民がばらばらになり、いったんは途絶えかけていた神楽を、郷土の誇りとして甦《よみがえ》らせようとしたのです。衣装や面などの道具は全て流されていましたが、各界からの支援によって道具が整えられ、別々の仮設住宅に住む神楽の会のメンバーが集まり、遠方に住居を移したメンバーも車で１時間かけて通うなど、苦労のなかで練習が重ねられました。週末にプレハブの工事宿舎を練習場として稽古《けいこ》を重ねた結果、２０１３年５月、長年途絶えていた祭事（神楽）の復活を実現させたのでした。

南部神楽は、リズミカルな太鼓や笛の音色の曲と謡《うた》いに合わせて舞い踊るもので、神話の世界のストーリーが進行していきます。時の流れや日常世界を忘れさせてくれる独特の雰囲気があり、引き込まれます。祭りの当日、参集した高齢の方と話をしたところ、若いときに地元を離れて東京近郊で生活している方でした。「神楽が復活するとの話を聞いて、矢《や》も楯《たて》もたまらず来た。故郷への気持ちは忘れがたいものがあり、神楽を観て懐かしさで心が洗われました」と語っていたのが印象的でした。復活された神楽はその後、次世代の子どもたちを巻き込んで継承されています。

関連サイト：http://www7b.biglobe.ne.jp/nanbu_kagura/mite_aruki/13ohmuro0504.html#1

雄勝法印神楽《おがつほういんかぐら》

同じく、宮城県石巻市の雄勝《おがつ》町も震災により甚大な被害を受けた地域です。当地では、国の重要無形民俗文化財に指定されている「雄勝法印神楽《おがつほういんかぐら》」が継承されていましたが、十三浜と同様にすべてが流されました。別れ別れになった人たちが一同に会し、コミュニティの絆を取り戻す契機になったのが、やはり多くの支援で復活した「雄勝法印神楽」で

けんか七夕（2013年８月）

南部神楽（2013年５月）

した。

その様子については、日本ユネスコ協会の復興支援によって作成された記録映画『雄勝～法印神楽の復興』で詳しく紹介されています。映画では、地域に根づいていた伝統芸能の復活によって、人々が結びつきを取り戻し、コミュニティの再生に向けて力強く踏み出す姿が記録されています。

関連サイト：http://www.geocities.jp/hoinkagura/index.html

唐桑《からくわ》ものがたり　海の古道　神々の記憶

こうした伝統的な民俗芸能を復活させる動き以外にも、地域に伝承されてきた郷土芸能と今日的な創作演劇を組み合わせて、新たな視点でつなぎなおそうとする試みもあります。その一つが、宮城県気仙沼唐桑《けせんぬまからくわ》地区で生まれた郷土芸能劇「唐桑ものがたり　海の古道　神々の記憶」です。震災復興を契機に、地元の郷土芸能4団体、唐桑中学の生徒、外からの支援団体などの協力によって、２０１３年からスタートした興味深い取り組みです。地域に伝承されてきた複数の郷土芸能を、歴史物語に組み込んでストーリー展開させた芸能劇です。出演者は、地域の人々が中心で総勢１００人、中学生の郷土芸能活動も加わって展開される2時間余りにおよぶ大作です。

物語は、１３００年前の奈良時代にさかのぼり、蝦夷地《えぞち》の人と朝廷軍との争いが神々（白鯨《くじら》）の葛藤に重ねられます。そして苦渋のなかで和解する様子や、江戸時代に入って三陸の一漁村が紀州熊野との交流を契機に活気あふれる地域に変貌していく姿などが、郷土芸能を織り込みながら展開されます。

２０１７年12月には、熊野神勧請《くまのかみかんじょう》１３００年祭（熊野権現が１３００年前に当地に迎えられたことを祝う祭）の節目の祝いもかねて上演されました。

関連サイト：http://www.karakuwatairyou.jp/

３・11復興支援・無形文化遺産情報ネットワーク：http://mukei311.tobunken.go.jp/

２　潜在力をよび覚ます力の源

これまで、伝統芸能はややもすると見過ごされ、過去のものとして忘れられかけていました。巨大災害を契機として、地域で継承してきた歴史・文化的な蓄積が蘇《よみがえ》ってきたことは注目すべき多くの示唆を含んでいます。

ふり返れば震災直後は、祭りなど不謹慎だとして自粛ムードが漂っていましたが、次第に各地で復活の動きが伝播していきました。厳しい気候風土の東北地方は、冷害や凶作に苦しんできた土地柄であり、人々の自然への畏敬《いけい》の念は深いものがあります。多くの祭事は、厳しい自然のなかでの飢饉《ききん》、疫病、災害などによる人々の苦難、尊い生命が失われた出来事などに対する、鎮魂《ちんこん》や供養といった鎮《しず》めの意味をもっていました。その本来的意味が蘇生したと言えるでしょう。

人々の暮らしの根っこに深く関わって祭事があり、村々に継承されてきた事実に、震災後あらためて気づかされたのです。当地で、さまざまな神楽、虎舞《とらまい》、鹿踊《ししおど》り、獅子舞《ししまい》、剣《けん》舞《ばい》などを見て、そこに秘められていた力を実感させられました。深刻な津波災害を受けた地域で催された行事では、舞う人も、観る人も、みな、すべてを流された人々です。そこに参集する人々の様子には、魂の深層に引き継いできた共感が甦《よみがえ》り、涙と笑顔が交錯するような一体感が醸成されているようでした。

そこには東北地方の奥底に継承されてきた伝統的な文化が、過去のものではない、未来につながる潜在的な力として蘇っていました。文化的な水脈には、逆境に対峙し対応する際の回復力（レジリエンス）として注目すべき力があります。

都市化と便利さのなかで、私たちは個としての自由と豊かさを手にしましたが、それはせまく表層に偏った生活様式となりがちです。根の浅さという意味では、存在の揺らぎに弱い孤独な存在になっているのではないでしょうか。それに対して郷土の祭事や芸能は、自己存在の奥深い姿、個的な存在を超えるあり方を実感させる契機を内在しています。

今日､私たちは､いろいろな意味で「存在の危機の時代」を迎えているのではないでしょうか。大震災のみならず、大雨、洪水、竜巻や火山被害など災害が続いていますし、こうした事態は世界各地で頻発しています。自然災害ばかりではありません。9・11同時多発テロ事件以降、中東地域の戦乱状況、難民の増加、頻発する世界各地のテロ事件、内外で深刻化する格差問題など、社会的不安も高まっています。

人間のあり方には、表層としての日常生活（個的存在）とともに、潜在的な様相があります。自分という個的な存在の奥底に隠れていた、より深い所にある歴史的・伝統的・文化的な蓄積が再生し甦《よみがえ》るさまを実感したり、自己の表層の殻（枠）を乗り越えるような感覚を感じた経験はありませんか。自分一人では如何ともしがたい状況下に置かれたときに、こうした潜在的な力の存在を感じることがあります（終章でもふれます）。

人間存在の基底を支える持続可能性や回復力をどう紡ぎ出すのか、被災地から学び、共有すべきことが数多くあります。

3　社会関係資本《ソーシャルキャピタル》としての展開

人間存在のあり方については、「社会関係資本」という考え方を手がかりにしてとらえることもできます。地域社会の基盤を強化する働きとして、近年注目されてきた概念です。人々のつながりや関係性が、地域社会の土台・基礎を形づくっている様子を示します。そこには、狭く限定的な結びつきとしての「結束型」紐帯《ちゅうたい》と、広域性をもつ多様でゆるやかな「橋渡し型」紐帯の二つのタイプがあります。

地域がその存在基盤を揺るがされるとき、この二つの要素が微妙に重なりながら地域再建の動きとして展開されると考えられます。仲間内だけの狭い関係（結束型）だけに閉じこもらず、開かれた関係性（橋渡し型）が生じて、その両方がうまく連動することで思いがけない展開が生まれるのです。先にふれた気仙沼唐桑《けせんぬまからくわ》地区での郷土芸能劇の創作や各地で復活した神楽などもその典型です。

橋渡し型の社会関係資本

第6章で、「共」セクターにおけるＮＰＯや社会的企業の役割についてふれましたが、被災地では、まさしくそうした活動が重要な役割を演じています。震災当初、被災地の文援に多数のボランティアが現地入りしました。その後、そうした大きな波が引いた後に少なからぬ人たちが地域に生活拠点を移してＮＰＯ活動や事業立ち上げなど多彩な活動を行っています。

たとえば宮城県の気仙沼では、移住者と地元住民や行政とが密接な関わり合いを深めており、地元企業、漁業者なども連携して、深刻な地域的課題にチャレンジしています。「ちょいのぞきツアー」「ば！ば！ば！プロジェクト気仙沼」というような、地域の生業、特産物、食文化、伝統芸能、工芸品、民家などに、都会のセンスを加味して新企画事業にする試みがスタートしています。

２０１７年8月には、復興庁による「共創力で進む東北プロジェクト」の第2回目のイベントとして、シェア・エコノミーの活用をめざす取り組み、『若者が稼ぐシェアリング（共有）シティ』が気仙沼にて開催されました。シェア・エコノミーとは、活用されていない物、サービス、場所、知恵などの共有・交換を促して新たな価値や経済活動につなげる新たな経済のあり方です。

こうした取り組みは、被災各地で多彩に行われています。まさしく日本社会が今後取り組むべき諸課題を先取りする実験的試みが展開されていると見てよいでしょう。注目したい点は、古き良きものの再生という以上に、新たな外部の要素が加味された協働（コラボレーション）による創造性の開花のような動きが進行していることです。

従来の伝統社会がもつ性格には、どちらかというと家父長制的なところがありました。それに対して、既存の枠組みや関係を超えるような動きが始まっています。たとえば南三陸町で被災地の復興に取り組むＮＰＯ「ウィメンズアイ」などは、女性の活躍の場づくりや交流を促す取り組みをしており、パン・菓子工房がスタートしたり、コミュニティ・カフェや助け合いのネットワークが生まれたり、従来の地域性や関係性とは違った形での試みが始まっています。

社会関係のあり方としては、従来の結束型のみならずこうした橋渡し型の社会関係資本をいかに活性化させていくかが重要であり、今後の社会的課題の解決にはそうした多様でダイナミックな力が求められています。


〈第7章のポイント〉

巨大災害と復興に際し、地域に引き継がれてきた祭事や芸能などの歴史・文化的な蓄積が逆境への回復力として注目すべき力を発揮します。

またコミュニティの再生には、社会関係資本の二つの要素、結束型と橋渡し型のダイナミックな展開が重要な働きを形成します。

第8章　気候変動と生物多様性からの展望

1　深刻化する地球温暖化、消失する生物多様性

21世紀の人類の存続を脅《おびや》かす最大の課題の一つに地球環境問題があります。たとえば近年、温暖化がおよぼす健康被害が世界的に顕在化しています。

イギリスの医学誌「ランセット」が２０１７年に発表した報告によると、２０００年以降、熱波で危険にさらされる高齢者が1億人以上増えており、デング熱などを媒介する蚊の生息域が広がって、１９９０年以降、毎年5千万～1億人の感染者を生んでいると言います。大雨災害の発生数は最近17年間で１・４倍に増加、２０１６年の大雨に関連する経済損失は推計１千２９０億ドル（約14兆円）になりました。

１９９２年の気候変動枠組み条約の締結の後、具体的な温室効果ガスの削減目標を定め

た1997年の「京都議定書」を経て、2015年の気候変動枠組み条約・締約国会議（COP＝Conference of the Parties）第21回会議で決まった「パリ協定」においては、気温上昇の厳しい現実を踏まえて、気温変動の幅を2度未満に保つとともに1・5度を努力目標とすることが合意されました。

地球温暖化という避けられない事態への対処目標は定められましたが、実現できるかどうかは不透明です。現在、各国が示している努力目標とパリ協定の目標とは、まだ大きく隔っていて、各国の努力目標を達成しただけでは21世紀中に気温が3～4度上昇してしまうという悲観的な予想も出されています。期待と現実の矛盾状況は深刻です。

目標との隔たりはきわめて大きく、環境革命の必要性が説かれるなど議論が百出しています。国際社会の認識は、すでに予防の段階は過ぎており、リスク回避からリスク受容はやむなしという段階に進んでいます。国際的な対応を議論する場では、避けられない気候変動リスクにどう適応していくか、どの程度影響を緩和できるのか、さらにはその損害への対処や補償をどうするかが話し合われるようになっています。2017年にはアメリカのトランプ政権がパリ協定からの離脱を宣言したこともあり、今後の見通しは楽観できない状況です。

気候変動問題とともに生物多様性をめぐる状況も深刻です。気候変動は、大災害や健康被害など、目に見えるリスクとして認知できます。しかし、生物多様性の危機は、なかなか意識しにくい問題です。今日、生物種の絶滅の速度は過去に類を見ない速さであることが明らかにされています。平成22年版の『環境白書』によると、１９７５年以降は年間４万種が絶滅している状況で、過去の生物種の絶滅のスピードが年間に０・００１種程度だったことと比較して、現在は桁違いの速さで種の絶滅が進んでいると指摘しています。

私たち人類も地球上の生物種の一員であることを考えると、今起きていることをどうとらえるのか、あらためて根源的な問いなおしが必要です。

地球サミットで「気候変動枠組み条約」と「生物多様性条約」が締結されたことは何度かふれました。この二つの条約は、人類社会の発展に転換を迫る画期的な意義をもつものだと私は考えています。

化石燃料などの埋蔵資源を大量消費して温室効果ガスを大量排出する「廃棄型社会システム」は、気候変動枠組条約によって転換を余儀なくされつつあります。生物多様性条約は、人類だけが独り繁栄して他のさまざまな生物種（多様な遺伝資源）や生態系のバランスを破壊する行為に対して、歯止めをかけて相互依存と共生関係をとりもどそうとする条約です。それぞれの条約の中身や具体的な対策に問題と課題は多いものの、その革新的な意義について認識することは重要です。

多様性レジーム

この二つの国際環境条約が生み出そうとしている新たな国際状況（環境レジーム）について、ここではとくに生物多様性を軸として展開しつつある「多様性レジーム」形成の動きを見ていきます。生物多様性は、遺伝子、生物種、生態系の三つのレベルで相互関係をもちバランスを保って成り立っているので、その保全に向けた活動はたいへんです。

1992年の地球サミットで締結された生物多様性条約は、大きな枠組みを定めた枠組み条約で、実際的な取り組みとしては次のようなものがあります。

- 遺伝子組み換えなどバイオテクノロジーにより改変された生物（LMO＝Living Modified Organism）の取扱いを定めた「バイオ・セイフティ（カルタヘナ）議定書」（2003年発効）
- 遺伝子資源へのアクセスと利益配分（ABS＝Access and Benefit-Sharing）を定めた「名古屋議定書」（2014年発効）
- 生物多様性保全の実施のための20目標「愛知ターゲット」（2010年採択）

これらによって、生物多様性の保全をはかっていく取りきめや目標が定められているのですが、気候変動条約と同様に実際には達成困難な状況です。

2010年の「生物多様性条約・名古屋会議（COP10）」では、気候変動についての協議のときと同様に、深刻化する南北の対立によって議定書や目標の採択が危ぶまれましたが、辛くも採択にいたりました。

生物多様性条約での南北対立は、南の途上国が、豊富な遺伝子資源など生物多様性に恵まれた立場にある点に特徴があります。破壊と保全と利用に際して、主要かつ重要な当事者の位置を占めているのです。「名古屋議定書」は、開発と利用をリードしてきた先進諸国と、資源提供者である途上国の間での利害調整をはかる取り決めでした。

遺伝子資源の利用と利益配分（ＡＢＳ）に関わるルール作りついては、厳しい利害の対立のため、合意は困難をきわめました。中南米などの一部の国々は、権利のおよぶ範囲や相互合意条件などにこだわりました。しかし、最終的には内容への不満を記録に残すことを条件に、国連議決の原則である全会一致の採択を邪魔しないと発言し、採択が実現したのでした。

再評価される伝統的な知識

生物多様性条約の交渉は、途上国側にとって植民地時代から収奪されてきたという意識を背景に、もち去られ、失ってきたものの存在の大きさを認識する契機となりました。アフリカ諸国が、利益配分の対象を植民地時代までさかのぼるべきだと強く主張したことはその現れです。

自然に依拠した生活として先住民が長年引き継いできた伝統的な知識や知恵は、かつては無意味で捨て去るべき対象におとしめられていたものでした。それが、生物多様性条約を契機にその重要性が再評価されました。生物多様性条約は、彼らの立場、失いかけていた威信の復権につながる内容を含んでいました。こうした意味内容が、条約や議定書によってどこまで具体的な政策に反映されるかは今後の展開次第です。少なくとも、原産国や先住民の権利を確認し、具体的なルール作りを明確化する国際的な取り決めができた意義は大きく、評価できます。

「名古屋会議（COP10）」では日本から、「SATOYAMAイニシアティブ」として、原生的自然の保全とともに人の手が加わった里山のような二次的自然や農山漁村の維持・保全の重要性が提起されました。この点でも、名古屋会議での進展は、新たな地平を切り開く可能性を秘めたものだと言えます。

地域が衰退し、それぞれの伝統的文化や土地に根差した生活が失われかけているなかで、里山で育まれてきた自然共生型の土地利用、資源循環型の小農民たちの営みこそが、生物多様性も育てていたことを再評価する意味は大きかったのです。

強調したいのは、〝遅れたもの、見捨てられてきたものが最先端に躍り出る〟という、生物多様性条約が持っている可能性です。その延長線上には、生物多様性と文化の多様性との緊密な関係の再構築など、さらなる文明転換へと道筋がつながっています（第９章でふれます）。

２　ローカルとグローバルの再結合――いのち・食・農の連鎖から

食べ物、そして農業は、私たち人間にとってどんな意味をもつでしょうか。すぐに思い浮かぶのは、食べ物とは生きる糧《かて》であり、血となり肉となる源だということ、そして農業は、その食べ物を自然の力を借りてつくり出す太古からの営みということです。かつての農山村では、山の神を送り、田の神を迎える儀式が各地で行われていました。そこでは、御神酒《おみき》を大地に捧げて食を共にしながら天地自然の恵みを祈る、人と自然の協奏曲のような風景が繰り広げられていたのでした。

農山村にかぎらず、数十年ほど前までは、四季折々に、さまざまな行事で種々の食べ物が重要な役割をはたしてきました。それは今日でも、年越しそばを食べたり、正月にはお餅を食べ、端午《たんご》の節句には粽《ちまき》や柏餅《かしわもち》を食べ、お盆には先祖の霊にお供《そな》え物をするほか、中《ちゅう》秋《しゅう》の名月の月見団子など、なじみ深い風習として引き継がれています。

かつてはお祭りなどの行事においては、神様に食べ物を捧げる神饌《しんせん》は中心的な位置を占めていました。また、食べ物を神々や先祖にお供えしたり、健康を願って特定のものを食べるという風習に見られるように、食べ物を神聖なものとして扱う行為が日常的に行われていました。食べ物には、人の世界と神の世界を結びつける意味がこめられていたのです。その根底には、食べ物や農業を通して深く自然の力を実感する、自然と共感し、人々が交流しあう豊かな感性を育む世界がありました。

今日、あらゆる食べ物を世界中から入手し、飽食のかぎりをつくすような状況の下、私たちは食べ物を粗末に扱うようになっています。食べ物や農業の世界がもつ奥深い意味への感性をにぶらせ、十分に認識する力を失いかけています。農業を、単に食料を製造するものというイメージでとらえるのは、いかにも貧弱な発想です。食べ物を味覚や栄養だけで見てしまうのも、大地と私たちをつなぐ豊かな世界を切り捨ててしまう狭い認識ではないでしょうか。

人類の発展を近代化、経済発展としてとらえた場合、農業は遅れた産業、もしくは衰退し縮小していく産業としてイメージされがちです。第1次産業（農林水産業）から第2次産業（工業）へ、そして第3次産業（商業・サービス）へとシフトしていく産業の発展パターンが近代化のプロセスだと思われてきたからです。

その結果、私たちは大切な自然との豊かな交流の世界を失い、公害や環境問題のような問題に直面しているのではないでしょうか。

食文化はアイデンティティの拠り所

食べることは、人間のみならず広く生物という存在において普遍的な営みです。そのなかで、人間は生物としての存在であるとともに文化的な存在であることから、食文化という独特の世界を形成してきました。

世界には、多種多様な食文化があり、豚をタブーとするイスラム文化圏や牛を神聖視するヒンズー文化圏などに見られるように、宗教や民族のアイデンティティの拠り所として食は重要な働きをはたしてきました。より身近な例では、郷土食など、郷土への愛着を感じ、自分自身の出自を確認し、集団的な帰属意識を形成して社会としてのまとまりを生み出す一つの源にもなってきました。社会と文化の土台には、食と農の切っても切り離せない関係が築かれていたのです。

食を取り巻く世界は複雑多岐にわたり、社会的・文化的な多様性に満ちあふれています。日本各地には、加工法、料理法、保存法、配膳の仕方や食べる作法までさまざまあり、年中行事や冠婚葬祭に供される「ハレ」の食事、家々や集落そして地方ごとに日常の「ケ」

の食事などの食文化が伝えられてきました。それらは、世界の食文化の中では東アジア圏の食文化としての特徴をそなえています。米を主食とし、魚・大豆を主要な蛋白源として、発酵調味料を多用し、蒸すという調理法や、箸《はし》と椀《わん》で食事をするなどです。

しかし、近年の食生活の激変ぶりはすさまじく、アイデンティティの喪失や食の軽視から人間存在の土台をゆるがすような事態になっているかに見えます。食生活の洋風化が急速に進んだ一方で、近年「和食」が見なおされ、２０１３年にはユネスコ無形文化遺産に登録されました。和食が見なおされたように、食と農の文化的側面にあらためて光をあてることが、重要になってきています。

食の多様性も失われている

今日、60ほどの大企業が世界の食品加工の約7割を、20ほどの企業が世界の農産物取引の大半を占めています。また、穀物、コーヒー、紅茶、バナナ、そして鉱物資源まで、その貿易の過半が数社の巨大多国籍企業によって取り引きされる事態になっています。

食卓の豊かさ、選択枝の拡大の一方、外見上の多様化とは正反対に世界規模で、画一的なモノカルチャー（単一耕作）化と、巨大なグローバル企業による品種と栽培の管理、加工技術と商品開発が進んでいるのです。こうして、国際的な流通網のなかでの画一化・集中化が起きることで、深刻な多様性の喪失が世界規模で進行しています。世界の食料・農業システムが、いわば安売り競争の下でグローバルにスーパーマーケット化している、あるいは画一化という意味で「マクドナルド化現象」が起きています。

一面では、生産性の向上と価格低下を実現させたことで、経済合理性から見れば効率化が実現できたとも言えます。しかし、自然環境や人間の社会・文化を総合的にとらえるならば、価格という特定の価値尺度だけでは見落としてしまう側面があります。農産物加工は地域の食文化や人々の生活に密着しています。地域経済とも関連していますから、それが失われることは、地域社会のバラエティに富んだ生活、食文化を喪失させてしまいかねません。環境・社会・文化面など数量化できないところで、損失や矛盾を増大させてしまう恐れがあります。

日本に限らず、世界的に生活全体がビジネス領域に巻き込まれ、売り買いだけの関係が優位を占めて、地域と風土に根づいてきた食文化や生活慣習などが失われつつあります。農山村でも生活基盤や地域社会が崩壊してきています。並行して、社会・文化の多様性から種子や遺伝資源を含む自然資源の多様性までもが、次第に消え去りつつあるのがグローバリゼーションがもたらした今日的状況です。

3　世界はどこへ向かう？――２極化する世界

世界の動向を大きく把握するには、「パラダイム」（世界認識の枠組み）という概念があります。科学史家のT・クーンが提唱した考え方です。未来の全体的な動向を考えるためには、パラダイム転換の立場からの見通しが有効です。20世紀後半から21世紀にかけて世界の食料事情に起きた変化について、英国のロンドン市立大学教授（食料政策）のティム・ラングらは、20世紀の食料生産を特徴づけてきた「生産主義パラダイム」から、「ライフサイエンス・パラダイム」と「エコロジー・パラダイム」が対抗・対立する「フード・ウォーズ」の時代になったという見方をしています。この視点は、現代社会の動向を見定める意味でたいへん興味深い見方です。

ごく簡略にその見方を説明します。

品種改良・機械化・化学化（農薬・化学肥料依存）や、食品加工の高度化、大量生産・大量輸送技術の進歩と貿易拡大によるグローバリゼーションの進展がもたらした生産主義の繁栄の影で、世界人口の１割を超える人が飢餓に苦しむ一方で、ほぼ同数の人たちが過食と肥満による疾患を抱えています。ラングらは、こうした偏《かたよ》りをもたらす生産中心主義が、資源制約や環境破壊などによって持続不可能になってきた結果、新たな対応として、二つの流れが顕在化してきたのが今日の世界だと考えます。

一つの方向性は、最新生命科学（ライフサイエンス）の手法を駆使して産業化をよりいっそう押し進める道筋で、「ライフサイエンス主義」と呼びます。それに対して、産業化へ偏よることなく個々人の健康と自然環境とのつながりを自覚して、自然と共生するライフスタイルを見なおすことで地域社会を自立的に再編していく道を「エコロジー主義」と呼びます。

この二つのパラダイムのせめぎ合い状況が、人々の心理・精神世界や市場（マーケット）、消費文化、さらには産業社会のあり方や国際政治の枠組みまで、世界規模でくり広げられており、私たちは、この二つの潮流の中で選択を迫られる重大な岐路に立っているととらえます。

ラングらによるこうした問題提起は、主に欧米の動向を土台としていますが、今日の世界全体の状況を的確に示していると思います。

ライフサイエンス主義のもとでは、さらなる脱自然化、農業の工業化に向かう動きが進行し、反季節的農作物の氾濫、ファストフードの隆盛、植物工場、バイオ野菜、遺伝子組み替え食品、さらにバイオテクノロジーによる技術変革が次々と押し進められています。

エコロジー主義のもとでは、自然環境との調和を取り戻そうとする動きが広がり、本物・

手作り・自然食、有機農業、そして地産地消やスローフード運動などが広がり、都市と農村の交流や都会から農村移住する動きも生じています。

この相反する二極化の動きは、社会・経済分野でも世界規模で展開しています。国際分業と競争が、地域性や自然の循環を切断して大地との離反を促すのに対して、地球環境問題の深刻化をくい止めるエコロジー運動、地域コミュニティ・地域循環（調和）型社会を重視する動きが顕在化しています。

それは、グローバル化への対抗力としてのローカル性の見なおしともとらえられます。こうしたグローバル化とローカル化の対立において出現する世界は、互いの争いだけではありません。ローカル性の中身がグローバルな視点から洗練されて、質的な深化や向上がもたらされるなど、相互作用の中で相互革新を誘発させる側面があることも注目しておきたい点です。

たとえば、和食の見なおしや海外からの観光客が増加するなかで、洗練されたローカル性が誘発される可能性であり、過疎地域の内側に隠れている独自性を、外からの視点で見出そうとする地元学の取り組み、郷土食や伝統芸能の復活、B級ご当地グルメ、ゆるキャラブームなど、さまざまな動きとなっています。新時代の幕開けを象徴するこうした力のダイナミズムを、「グ・ローカル」と呼びます。

シナリオ分析でみる未来

また、現代世界の姿を考察するのに、「シナリオ分析」という手法も有効です。世界動向でせめぎ合う力を縦軸と横軸の座標軸で表して、進む方向を見きわめようとするものです。

具体的には、２０１０年の生物多様性条約の「名古屋会議（ＣＯＰ10）」の際に出された「日本の里山・里海評価」レポートで、わかりやすく示されています。

１４９ページの図を見て下さい。私たちの社会が向かおうとする力の方向性を示す座標軸の縦軸は「グローバル化の進展」と「ローカル化の進展」、横軸は「技術活用・自然改変志向」と「適応・自然共生志向」です。それぞれの座標軸は真ん中で直角に交わり、４つのエリアができます。

左上は、技術の力で自然を支配して限界を克服していくとともに、市場の拡大（グローバル化）を優先していく世界で、「グローバル・テクノトピア」と名づけられています。都市国家として躍進しているシンガポールや砂漠の中に超近代都市を築くドバイ（アラブ首長国連邦）などが思い描けます。その対極の右下のエリアは、自然志向と調和を重視して地域を優先する世界（ローカル化）で、「里山・里海ルネッサンス」と名づけられています。熱帯雨林の保全に努める中米のコスタリカや自然を大切にするスイス、日本の中では里山・里海が育む自然と文化の豊かさを誇る能登半島や伊勢志摩地域などを思い描くことができます。

右上のエリアは、グローバル化と自然調和が重なるところで「地球環境市民社会」、左下のエリアは、ローカル化と技術指向が重なるところ「地域自立型技術社会」と名づけられています。実際には、世界の動きはいろいろな要素が入りまじって複雑に展開していますが、このように座標軸を用いて、単純化したイメージとして描くことは、現実世界の動向を分析する際には参考になります。

現在はいろいろな意味で転換期、過渡期に位置しており、私たちは不安定な状況のなかで非常に難しい舵取りを迫られています。経済問題、政治問題はもとより環境問題についても、国際レベルでも国内レベルでも大小さまざまな綱引きが演じられ、どちらにどう転んで行くのか、多くの不透明さ、不安定さを抱えています。「宇宙船地球号」にたとえるならば、この宇宙船を操縦するための新たな羅針盤が必要です。将来のシナリオを想定して、社会の向かうべき方向性、ビジョンを検討し見定めていくことはとても重要なことです。

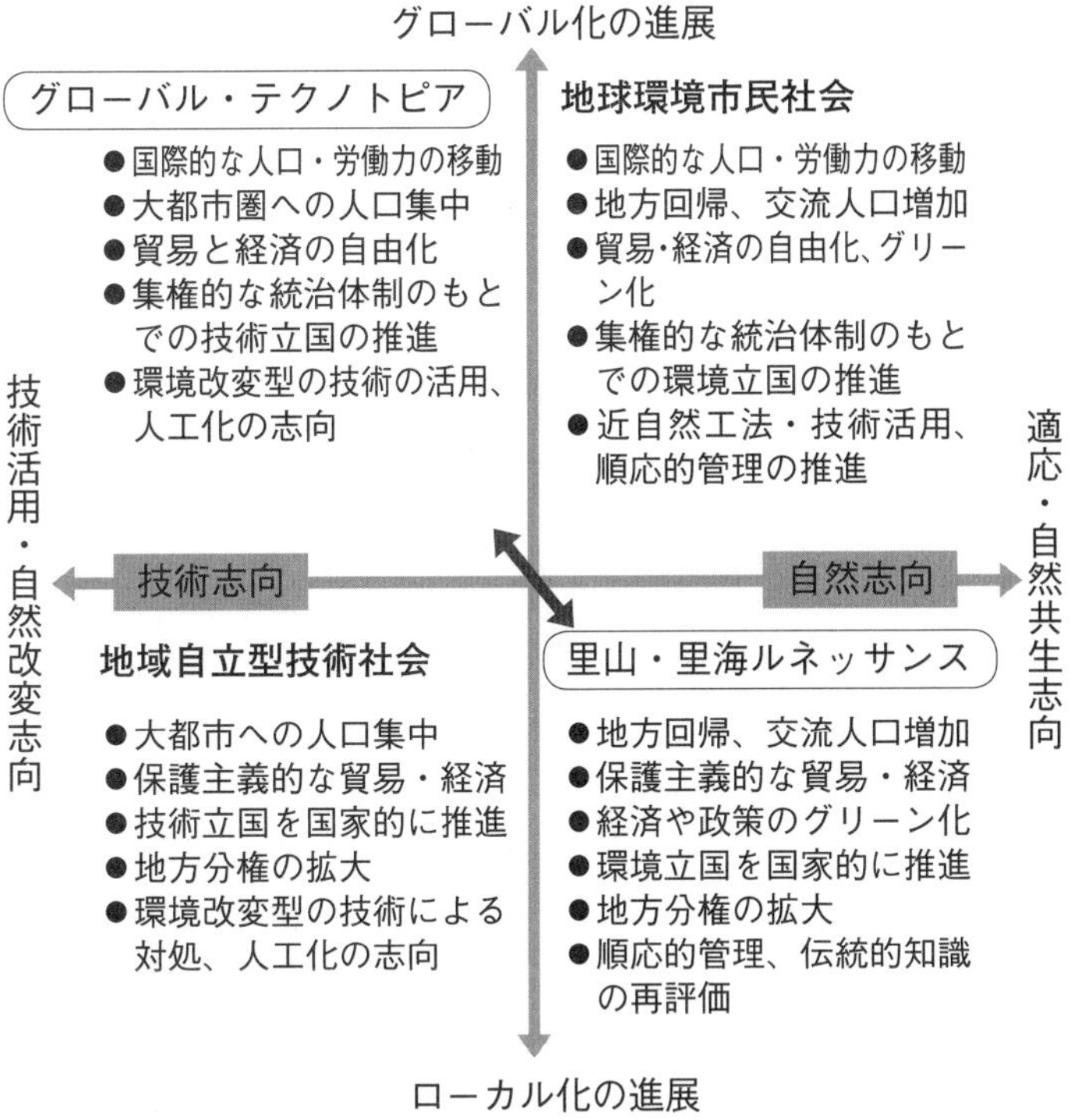

４つの未来シナリオ

「里山・里海の生態系と人間の福利」
日本の里山・里海評価2010より作成

〈第8章のポイント〉

深刻化する地球環境問題を前に、文明転換を促す可能性を秘めた二つの条約（気候変動、生物多様性）が成立しましたが、各国間、さまざまな組織の間で明暗入り乱れた困難な攻防が続いています。

人間の命と社会を支える土台には、食と農があります。自然と直接的に関わり合う食と農をどう考えるか、その世界の見方においても社会の向かうべき方向が2極化する傾向にあります。

そこでは、ローカル化とグローバル化がせめぎ合い、人工的な世界に傾斜するか自然との結びつきを重視・尊重するか、私たちは将来ビジョンと世界観の選択を求められています。

第9章 グ・ローカル多文化共生の時代 社会・文化・自然の多様性

1 新たな課題の出現――ゲノム編集・合成生物学

どのような自然観をもつかによって、私たちの未来は大きく変わります。自然との共生を模索する生物多様性条約での「名古屋議定書」について、とくに注意しておきたいことがあります。この条約がもつ「保全」と「利用・利益」の側面の対抗的な関係です。この二つの側面は、二律背反的な性格を内在しています。利用と利益配分の側に傾けば、商業的利用圧力の方が保全を凌駕《りょうが》してしまうことになります。いわば〝金の卵〟を産む親鳥（生物多様性の源）そのものを、〝持続可能な利用〟を名目にして破壊しかねないということです。

さらに懸念される点は、当初から生物多様性条約への参加を拒んできたアメリカの存在です。遺伝子組み換え作物の開発を先頭に立って取り組み、バイオテクノロジーに関わる技術開発と特許取得で世界をリードしてきたのがアメリカの産業政策です。

アメリカは「名古屋議定書」や遺伝子組み換え産品の輸出入を規制する「バイオ・セイフティ（カルタヘナ）議定書」を無意味なものにしかねない、巨大な壁のような存在になっています。カルタヘナ議定書では、遺伝子組み換え生物は自然と生態系への影響が未知数なため予防的な考えから規制の対象としていますが、アメリカでは、遺伝子組み換え作物の栽培が許可されており、輸出もできます。

また近年、生物多様性条約の枠に収まりきらない新しいテーマとして、ゲノム編集や合成生物学が隆盛してきました。遺伝子組み換えより簡単にできるゲノム編集技術や、人工的にＤＮＡを加工・合成し、生命さえつくり出せる可能性を秘めた合成生物学と呼ばれる科学技術が急速に進展しているのです。合成生物学は、その定義自体がまだ論議されている新しい分野で、生物多様性条約の会議で正式に議題となったのは、２０１４年韓国の平《ピョン》昌《チャン》で開催された「第12回会議（ＣＯＰ12）」からでした。

自然界の生物種を大量絶滅させる事態が進む一方で、人工的に新生物種をつくり出せるかもしれない時代が到来しつつあります。生物多様性の保全を目的とする条約にとって、新たな脅威と課題が出現しているのです。２０１６年、メキシコのカンクンで「第13回会議（ＣＯＰ13）」が開催されましたが、そこで議論をよんだのがゲノム編集や合成生物学をめぐるテーマでした。

遺伝子組み換え技術とゲノム編集技術

１９７０年代から研究されている従来の遺伝子組み換え技術は、他の生物の有用遺伝子を媒介に運ばせて導入するものです。組み換えられた改変生物体（ＧＭＯ＝Genetically Modified Organism　ＬＭＯ＝Living Modified Organism）を各国が規制する取り決めとして、カルタヘナ議定書が定められたのでした。

現在進行形の合成生物学やゲノム編集技術では、個々の遺伝子の改変・導入からさらに進んで、多数の遺伝子を挿入したり、既存の遺伝子をあたかもハサミとノリで細工するかのように直接操作し編集できる段階に入っています。ゲノム編集の代表的技術の「クリスパー・キャス９」は、２０１２年にジェニファー・ダウドナとエマニュエル・シャルパンティエにより発表されました。「クリスパー・キャス９」を使用すると、従来よりも格段に簡便かつ安く効率的に遺伝子操作が行えます。しかもこの技術は、他の生物の遺伝子を導入する必要はなく、個体の遺伝子を編集・改変できることなどから、従来のカルタヘナ議定書の規定をはずれて対象になりにくいのです。

ゲノム編集技術は、医療・健康、食品・農業、バイオ燃料や環境修復まで広範囲での応用が期待されており、莫大な研究費と開発投資がつぎ込まれています。技術的には夢の可能性が期待される一方で、潜在的なリスクについてはまだ計り知れない状態です。また、人知の過信ではないか、自然や生命への冒瀆《ぼうとく》ではないかなど、検討すべき課題とともに、社会・倫理面で議論になっています。

議論になった新技術の革新的な一例としては、遺伝子操作による抗マラリア耐性遺伝子でマラリア蚊を撲滅できる見通しがたつ反面で、使用された「遺伝子ドライブ」とよばれる遺伝子改変技術は、その強い影響力から、生物種や生態系の破壊、軍事・犯罪での使用、バイオテロが懸念されるため、世界的な議論を呼んでいます。

２０１６年の「ＣＯＰ13」での議論は、合成生物学の運用上の定義を明らかにし、便益や悪影響に関して継続的に検討をすすめること、広く情報提供を求めることなどで落ち着きました。いわば慎重派と推進派の当面の妥協的な決着であり、判断を先送りした状況です。

生物多様性条約は、持続可能な利用、保全と開発の両立の道を探るという点で最前線に位置しています。それだけに、急速に発展する科学技術の新領域（開発の最前線）で問題となる局面は多くならざるをえません。

他にも、地球・気象工学（ジオ・エンジニアリング）についても、研究と実用に関して懸念されています。気候変動に対処するため気候をコントロールしようとする技術ですが、気象への大規模な人為的介入がおよぼす生態系に対する影響が心配されています。２０１０年の「ＣＯＰ10」では大規模な実験への懸念からモラトリアム（一時停止）が決議されました。

最新科学技術を人間社会でどのように折り合いをつけて研究・利用するのか、待ったなしの課題が次々生まれているのが今日の世界です。

２　自然と文化の多様性が拓く新たな世界観

今日の社会一般に目を向けると、貨幣経済が主流となり、あらゆるものが経済的に計算され、運用されています。自然界の中から人類社会が突出して、人工的な資本が肥大化し、市場経済が支配的な世界として、「豊かな社会」が実現されてきました。その結末が、資源の枯渇や環境危機をもたらしています。

こうした人間中心のあり方を逆転するような考え方が、生命・生態系を重視する世界観において提起され始めています。自然を、経済的な利潤を産み出す手段としてとらえるのではなく、根源的な価値の源泉としてとらえなおす見方です。人間ではなく、自然の恵み（生態系サービス）を中心におき、豊かさをお金だけで測る経済中心の価値観を離れて、人間を支えている自然そのものに内在する根源的な価値（自然の恵み）を見なおそうという考え方です。

産業革命を契機として出現した近代の工業産業モデルでは、自然は利用手段（利用価値）としてだけ扱われ、利用（収奪）し尽くす対象でした。それに対して農業生産は、本来的には自然の恵み（生態系サービス）の上に築かれてきたものでしたが、近代化の流れのなかで農業も工業的な生産モデルとして発展をとげてきました。近代農業では、生態系を無視して農薬や化学肥料が大量に使用され、飛躍的な生産拡大を実現しました。その反面、レイチェル・カーソンが「沈黙の春」と呼んだ、生きものたちが姿を消してしまう事態を生じさせ、食べ物の安全性にも不安をもたらしました。

そうした近代農業の矛盾を克服しようと、近年、生態系を重視する有機農業や環境保全型農業が見直され盛んになってきたことは注目すべき動きです。

工業的生産重視の農業においては、多様な価値と関係性を排除して単一価値（貨幣評価）だけの極大化がめざされ、自然の多様性や生命の豊かさ（根源的価値）は顧みられません。それに対して、多様性を大切にする生態系重視の農業では、多様な関係性のなかに隠れている利用価値だけではない価値、そこに内在する価値が総体的に現れることを重視しようとするのです。豊かな土壌が秘めている力、多様な微生物たちの力や生態系のバランスがあってこそ作物が健康に育つこともその現れです。それは人間の健康にも通じる考え方です。

ワラ文化にみられる複合的効用

自然との関係性を重視する考え方については、近代化以前にかつてあった農的世界をとらえ返すと、見えてくることがあります。たとえば、稲作での副産物の稲わら利用の多面的な展開を見るとよくわかります。日本では稲作という生産活動は、食料となる米の生産のみならず、米を実らす稲わらを大切に扱って、生活用具として利用するとともに、稲わらには自然からの恵みの賜《たまもの》、生命の交換・交流の営みのシンボリックな意味が込められていました。

それは、新年のしめ飾りや神社のしめ縄、また相撲《すもう》の土俵や横綱が締めるしめ縄などにも象徴されており、天地の恵みへの祈願の意味をもっていました。お盆で先祖の送り迎えの際に稲わらを焚《た》く地域が多いことにも、人間界と天界をつなぐ意味が込められ、循環的な世界観が投影されていたことがうかがえます。また「花さか爺《じい》さん」という民話で、煮炊きする燃料に使った薪《まき》や稲わらの灰をまくと、花が咲いて生命が蘇ることは、まさに象徴的です。

稲わらは、わらじやむしろを始め、土壁の材料や、家畜用の敷きわら、餌《えさ》、肥料など、物的な素材としてさまざまに利用されるとともに、精神的、宗教的な意味合いが加味されていたことは、とても興味深いことです。

実利的な利用としての〝物質世界の循環〟（リサイクル）とともに、自然の力と精神的な拠り所を重ね合わせる〝精神世界の循環〟（リジェネレーション：再生）が表裏一体的に形づくられていたことは、人間社会のあり方として示唆に富むものです。

ここで、注目しておきたい重要な点があります。159ページの図を見て下さい。近代社会の価値観では、稲作を図の上部の横軸に示されている米（食料）の生産過程だけに注目する単線的・単一的な生産概念としてとらえます。それに対して、伝統的社会の価値観では、単線的な横軸（モノ・カルチャー）だけを見るのではなく、各段階で縦軸の展開においで利用価値（副産物）を複数生み出しつつ、循環的・複線的に利用の輪を広げている様子が読みとれます。

さらに、多様な生活用具としての利用にとどまらず、精神的・宗教的な意味合いが付与された複合的効用（マルチ・カルチャー）として展開されています。まさしく工業的な〝単

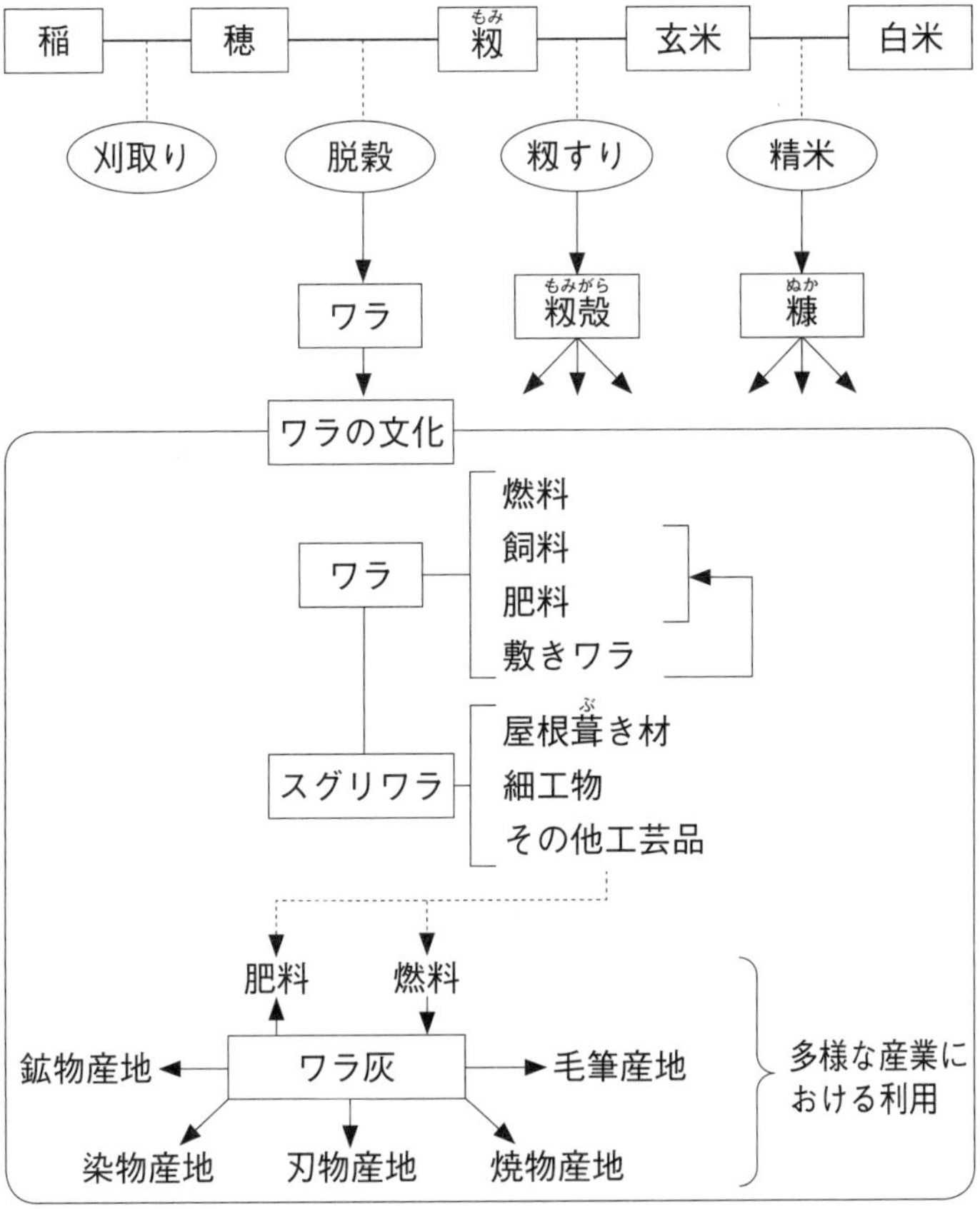

ワラ文化のエコロジー的展開

宮崎清『藁（わら）Ｉ』（法政大学出版）より作成

一極大化生産力〟に対して、生命的な〝多面的・共生型生産力〟が展開されています。

有機農業や生態系農業は、たんに農薬・化学肥料に頼らない農業といった狭い消極的な意味にとどまらず、より広義の意味をもっています。人間が自然の一員であり物質循環の輪の一角を占めていることは、食べ物、農業を通して直接的に自覚できます。有機農業とは、自然と生命の循環を取り戻す「生命循環農業」という側面をもっているのです。単一生産力の極大化を見なおし、内にも外にも豊かな関係性を構築し、総体的に多面的な効用（価値）を生み出していく「共生・共創的な展開」という視点に立てば、有機・生態系農業の可能性は大きく広がります。

前述しましたが、これまでの経済発展の道筋は、大きくは自然密着型の第1次産業（自然資本依存型産業）から第2次産業（人工資本・化石資源依存型産業）、そして第3次産業（商業・各種サービス・金融・情報等）へ移行するなかで拡大・発展をとげると考えられてきました。

こうした産業構造の展開は、長大な地球史のなかで過去に蓄えられてきた化石資源の大量消費で成り立つ産業構造を生み出しました。これからは、自然生態系の循環（生態系ピラミッド）に適合した構造に変革していくビジョンを描くことが重要です。それは最近注目されだした農業の6次産業化（1次、2次、3次を足して6次）とも通じる方向性ですが、たんなる６次化ではなく生命循環に基づいた展開にしていく必要があります。

来るべき産業のあり方

ふり返れば、１９６０年代の高度経済成長期へと向かう時代には、「全国総合開発計画」や「列島改造論」がもてはやされ、近代化を推進するための「農業基本法」「林業基本法」などが制定されました。それらは、単一的な価値に基づいて生産の極大化をめざす工業生産的モデルを全面開花させる政策でした。食料・農業政策としては、生産第一主義に傾斜したもので、その成功が経済的豊かさをもたらした反面、環境や資源、自然生態系との矛盾に直面することで方向転換を迫られています。

１９９９年に「食料・農業・農村基本法」、２０００年に「循環型社会形成推進法」、２００６年には「有機農業推進法」が制定され、生産主義的な経済重視の政策から環境重視へとシフトする流れが急速に高まってきています。とくに農業分野では、農業・農村の多面的機能が強調され、人と自然との多様な関係性にも目が向けられ、社会・文化的な要素まで含めて考えられるようになってきています。それは自然資本や生態系サービスへの再認識、新たな価値と評価の可視化につながる流れとしてとらえることができます。

従来の人工資本・化石資源依存型の産業から、循環を重視した自然資本・生態系重視への転換です。これは工業型の産業革命の時代が終わって、自然資本と生命循環の上に産業が再編成されることを意味します。来るべき自然・生命産業が勃興《ぼっこう》する時代においては、第1次産業を改めて経済の土台として位置づけなおして、食・農分野だけでなく自然再生エネルギーや自然素材利用などを含んだ広義の有機的な生産体系が柱となるでしょう。その枠組みの上に、加工・流通・消費から観光や教育や福祉などサービス・情報分野にまで、社会の高度化・高次化が図られて、脱成長・自然共生社会へと進んでいくのではないでしょうか。

食・農・環境に関わる奥深い世界については、『食べるってどんなこと?――あなたと考えたい命のつながりあい』（平凡社）に詳しく書きましたので、参考にしていただけると幸いです。

3　社会的公正と人間存在――誰も取り残さない包摂性と多元性

国際社会に目を転じると、時代を動かす巨大な力は、国際秩序の形成よりも個々の利害対立、排他性への傾向をつよめ始めたかに見えます。不確定でゆれ幅の大きい時代においては、短期的な視野ではなく、より長期的な視野が重要です。そのうえで、状況認識と方向性を見定めるために、歴史の根底に流れる水脈に目を向けることが大切です。

これまで、時代の潮流を巨視的にとらえるのに、国家の枠組みをこえたレジーム（体制形成やパラダイム（世界認識の枠組み）の視点から見ていくことの重要性を見てきました。また「経済」「環境」「社会」の三つのレジーム形成が、持続可能性（サステナビリティ）という概念の下で集約されてきたということも見ました。言いかえれば、経済の維持・発展を「環境」と「社会」の二つの座標軸において調整すること、「環境的適正」と「社会的公正」を実現し、経済のあり方を調整していくことが重要だということです。

環境の持続可能性については、ハーマン・デイリーという環境経済学者が「持続可能性の3原則」の考え方を提唱しています。

① 再生可能な資源を、再生可能な速度内で利用する（森林の再生など生物世界の基本）
② 枯渇資源の利用を、最小化するとともに再生可能なものへ置き換えていく
③ 汚染物の放出を無害化（浄化）できる範囲内にとどめる

という3原則です。これらの条件が満たされれば、再生可能なシステムとしての永続性が確保されるという基本原則です。

ここに示されているように、環境的適正に関しては評価の基準を共通認識として持ちやすいのですが、社会的公正に関しては合意形成がきわめて難しいという問題があります。

正義や公正、平等については、多様な文化や歴史的文脈で内容が異なるからです。世界全体を見わたすと、民主主義体制がだいたいの所で普及してきたように見えますが、その制度や形態は実に多種多様です。しかも、民主主義がようやく定着したところや混迷状態にある国、独裁体制に傾く国などもあり、国によってさまざまな政治形態の下で現代の世界が形づくられているのが現状です。

環境レジームと比べて、社会レジームについては振れ幅が大きく、まだまだ形成するには至っていません。それが持続可能性という新しい概念の形成において大きな弱点となっています。この社会面での持続可能性のためのレジーム形成の不十分さが、今日の世界の矛盾を一気に噴き出させているように見えます。

この点は、20世紀から積み残した課題のつけが噴出したという面があります。それは、冷戦とよばれた東西陣営の対立下で置き去りにしてきた課題です。「資本主義・自由市場経済」体制と「社会主義・統制計画経済」体制の対立局面では、人間存在をどう見るかという根源的な問いかけは不十分のままでした。そのことは、かつての社会主義革命や近年の民主化の理想を求めて政治体制を崩壊させた後に生じた、混乱状況や対立を生んだ出来事と関係します。そうした現実を見てのとおり、思い描いた理想とは裏腹のさまざまな不自由さ、抑圧や内戦状況などにおいてその矛盾が端的に示されています。

自由、平等、正義の理想を掲げても、人間の内面世界や社会関係はさまざまな要素をもつので、理想を簡単に実現できるとする考え方は行き詰まります。人間を人間として存立させている本質的な理解と認識不足が、混乱に拍車をかけたのではないかと思われます。こうした混乱状況は、今なお世界各地で続発しています。広い意味で社会的公正とはなにか、これはきわめて厄介で扱いにくいテーマであり、波乱要因をいくつも内在させている今日的世界の最重要課題の一つです。

包摂《インクルーシブ》という考え方

他方、ゆっくりではありますが、人権や教育、文化多様性や環境面での取り組みから注目すべき動きが進展しています。

国連の「2030アジェンダ」で注目したいキーワードに「包摂する」（inclusive：含みこむ、包摂的な）という言葉があります。この言葉は、弱者や障害者の社会的包摂という使い方で近年普及してきた用語です。「包摂」という考え方にいたるまでには、第二次世界大戦後からの経緯がありました。

- 「世界人権宣言」（第26条、1948年）
- 「経済的、社会的及び文化的権利に関する国際規約」（1966年採択）

・「女子差別撤廃条約」（1981年発効）
・「子どもの権利条約」（1990年発効）
・「障害者権利条約」（2008年発効）
・「先住民族の権利に関する国連宣言」（2007年）

これらの積み重ねが「2030アジェンダ」に結実したのでした。

そして、教育に関しては、「万人のための教育」の理念が継承され、拡大・普及してきましたし、障害者の権利とも重なり合って障害と健常の差別を克服すべく〝誰一人取り残さない〟「インクルーシブ教育」の理念も打ち出され、普及してきました。

もう一つ注目したいのは、経済、環境、社会の三つの柱に加えて教育や文化を組み入れる動きです。これは、主にユネスコ（国連教育科学文化機関）が主導しているもので、「持続可能な開発のための教育（ESD＝Education for Sustainable Development）の10年」が2005年の国連総会で採択されて、今日へと引き継がれています。とくに「2030アジェンダ」の策定過程では、「持続可能な開発のための文化（文化と開発）」がユネスコ執行委員会によって提起されました。

2002年のヨハネスブルク・サミットで採択された実施計画の中には、持続可能な開発のための不可欠の要素の一つに文化多様性が組み入れられました。その前後の動きとして、２００１年の「文化多様性に関する世界宣言」とその延長線上で２００５年に採択された「文化多様性条約」があります。

文化多様性をめぐる内容については、尊重する文化の質への問いかけや人間社会のとらえ方の差異、さらにグローバリゼーションをめぐる自由貿易との軋轢《あつれき》など、多岐にわたる論点があります。持続可能な発展と多文化共生の関連性については、「文化多様性に関する世界宣言」に次のように書かれています。

時代、地域によって、文化の形態はさまざまです。人類全体の構成要素であるさまざまな集団や社会個々のアイデンティティは唯一無比のものであり、また多元主義的です。このことに、文化的多様性が示されています。生物的多様性が自然にとって必要であるのと同様に、文化的多様性は、交流、革新、創造の源として、人類に必要なものです。この意味において、文化的多様性は人類共通の遺産であり、現在および将来の世代のためにその重要性が認識され、主張されるべきです。

地球上の社会がますます多様性を増している今日、多元的であり多様で活力に満ちた文化的アイデンティティを個々に持つ民族や集団同士が、互いに共生しようという意志を持つとともに、調和の取れた形で相互に影響を与え合う環境を確保することは、必要不可欠です。…（中略）…文化的多元主義は、民主主義の基礎と不可分のものであり、文化の交流と一般市民の生活維持に必要な創造的能力の開花に資するものです。

（日本ユネスコ国内委員会、仮訳より改変）

この世界宣言が出る直前に、9・11同時多発テロが起きています。20世紀末の冷戦終結によって、イデオロギー・政治体制の対立から民族対立や文化・宗教的な対立が顕在化しだし、サミュエル・P・ハンチントンの『文明の衝突』（原書1996年）が話題となっていた時期でした。世界宣言は、文明の衝突や文化・宗教的な対立という敵対関係をいたずらに煽《あお》ることを批判し、多様性を尊重し多元的な共存のあり方こそが人類のよって立つべき基盤であることを示したのでした。

また、とくに注目したい展開として2010年の「COP10」を契機に正式に発足した「生物多様性と文化多様性をつなぐ共同プログラム」があります。このプログラムでは、生物多様性と言語の多様性、在来知・伝統知など文化・精神的価値、信仰体系、地域コミュニティとの関わりを明らかにする取り組みが行われています。

2014年に「ヨーロッパ生物文化多様性会議」がイタリアのフィレンツェで開かれ、

2016年には「アジア生物文化多様性会議」が石川県七尾市で開催されて、「石川宣言」が採択されています。

その宣言では、「生物多様性と文化多様性の間の相互作用、それが経済、政治、環境、文化的な持続可能性に与える重要な影響について理解を深める」「地域の知恵、技、文化習慣に光をあて、生物文化多様性とその回復力を強化することを通じて、豊かな自然と文化の保全、持続可能な利活用、公平な利益配分のための統合的な方策を考え、実践していく」ことなどがうたわれています。多様性の概念を拡張し、人間同士の共存のみならず自然との共存への道が希求されているのです。

このような動きの背景には、人間社会の側からの視点とともに環境問題という根源的問いかけがあると考えられます。人間存在をゆるがす事態を前にして、あらためて人間という存在を問いなおす視点が形成されようとしているのです。例えば歴史学では国単位の歴史認識を超えた新しい世界史、「グローバル・ヒストリー」を構築する動きがあるほか、人類史や生物進化史を地球史や宇宙の成り立ちから問いなおす「ビッグ・ヒストリー」構築の動きも活発化しています。これらは、人間社会の成り立ちへの根源的な問いかけに呼応した展開と言ってよいでしょう。

〈第9章のポイント〉

近代化が進めてきたモノカルチャー（単一価値、人工的世界）に偏る世界観が問いなおされています。

さらには自然のもつ潜在的な力の見なおしと、マルチカルチャー（多様な価値）的な世界の再認識がおき始めています。そこでは、多様で多元的なあり方が尊重され、対立から包摂へと向かう相互共創的な価値（文化）が花開こうとしています。

終　章　私たち人間はどこへ向かう？
自分・世界・地球・宇宙

1　今を生きる意味──宇宙を人間が知るということ

かつてアフリカを起源とした人類は、ゆっくりとした歩みで地球の各地に広がっていきました（5～10万年前）。その後、それぞれの場所で独自の生息環境に適応し活動域を広げて、地域の環境を改変しつつ独自の文化を生み出してきました。長い時の経過のなかで、対立と融合を繰り返しながら、人間社会は再び統合への歩みを進めています。そして20世紀、人間の活動領域は地球を飛び出して宇宙にまで広がりました。

人間の大繁栄の反面、地球の生物種の数多くが絶滅し、生物多様性が急速に消滅しています。気候変動は、かつては数万年ないしは数千年単位での変化だったものが、現在、人間の活動が影響していると考えられる気候変動は、数百年どころか数十年単位の大変動が起こりつつあります。これから20年、50年後に、人類はどこに向かっていくのでしょうか。

人間活動のスケールは、世界へ、宇宙へと向かう外的な活動領域とともに、一方では内面的な意識、認識面においても大きく拡張してきました。その一つが、認識しにくい大きなスケールのものを俯瞰《ふかん》的にとらえる能力です。巨大な宇宙の世界を、私たちは凝縮したスケールで想い描きます。

一例として、地上の日常世界からどんどんズームアウトして、太陽系、銀河系、宇宙全体へと広がり、反対に、極小の世界の素粒子にまでズームインする映像がユーチューブに公開されています。１９７７年に作成された「10の累乗」（Powers of Ten™）という映像です。ぜひ孫悟空になった気分でこの宇宙世界を旅する感覚を試してみてください。

https://www.youtube.com/watch?v=0fKBhvDjuy0

https://www.youtube.com/watch?v=paCGES4xpro　（日本語訳）

イメージしやすい例として、時間的なスケールの認識において、よく使われるのが宇宙カレンダーです。宇宙の誕生から現在までを1年間とすると、太陽系の誕生は8月末、原始生命の出現が9月中頃、恐竜の出現は12月23日で絶滅したのは29日です。猿人の登場は12月31日22時40分頃、現生人類は23時58分過ぎに現われました。産業革命と化石資源（石炭・石油）利用で、近代化の幕開けをむかえた今の時代は、ほんの数十秒という一瞬の出来事にすぎません。そこでの世界と環境の激変ぶりには驚くばかりです。

そもそも「宇宙」という文字は、紀元前2世紀頃の書物『淮南子《えなんじ》』によれば、宇は空間を、宙は時間を意味しており、時間と空間の世界を表現したものとされています。

また別のパノラマとして、生命進化の時間的推移を視覚化した「生命の樹」（Tree of Life）の図と動画があります。一つの生命の種から、幾本もの枝分かれが無数に生じていく姿として描かれており（系統樹）、今日の多種多様な生物種が地球上にて生み出されてきた様子が活き活きとイメージできます。それは幾本もの無数の光の筋として伸び、広がっていく神秘的な動きとして、見事に映像化されています。その最終的な図柄は、中心から周辺へと多彩な模様が描き出された絵図で示されており、まさに生命世界の縮図（曼荼羅《まんだら》）のごとくです。わたしは、これをエコロジー曼荼羅と呼んでいます。

http://www.timetree.org/book

https://www.youtube.com/watch?v=pktDqFy5IcE

人間存在の新たな認識方法

このようなパノラマ的な認識は、自分と世界を宇宙的な視野からとらえなおすことにつながります。私たちは、新しい自己認識と世界認識を手にし始めているのではないでしょうか。宇宙的世界と極小の世界、日常的世界とグローバル世界や歴史に刻まれた世界は、認識の次元として別世界であり、大きな質的差異があるため、普通にはなかなか認識しだり把握が難しい世界です。それを私たちは、階層性の落差や差異を超えて想像力を働かせパノラマ的に認識することで、現実に生きる世界が非常に狭い部分でしかないことをはっきりと自覚できます。この能力があるから、日常世界の利害対立や民族対立などを相対化して、ともに生きる世界を大きな視野から再構成できるのです。そうすることで、自分たちはどのような存在なのか、この世界を宇宙スケールで認識しなおす時代が始まりかけているのです。

こうした認識の方法を、今の自分自身に当てはめると、

① 宇宙・生物的存在（客観的世界）

② 人間集団の構成体のなかで生きている存在（社会・経済・政治・文化において独自の秩序を形成している）

③ 私の存在（個別に主観的世界をもちつつ共通認識を形成する存在、世界認識を共有し合う個人として共同主観的な世界を形成する）

という3層構造として描けます。175ページの下の図は外側の世界を意識した図で、上の図は個人の内的世界を意識して描いた図です。自分が認知し意識している表層は、氷

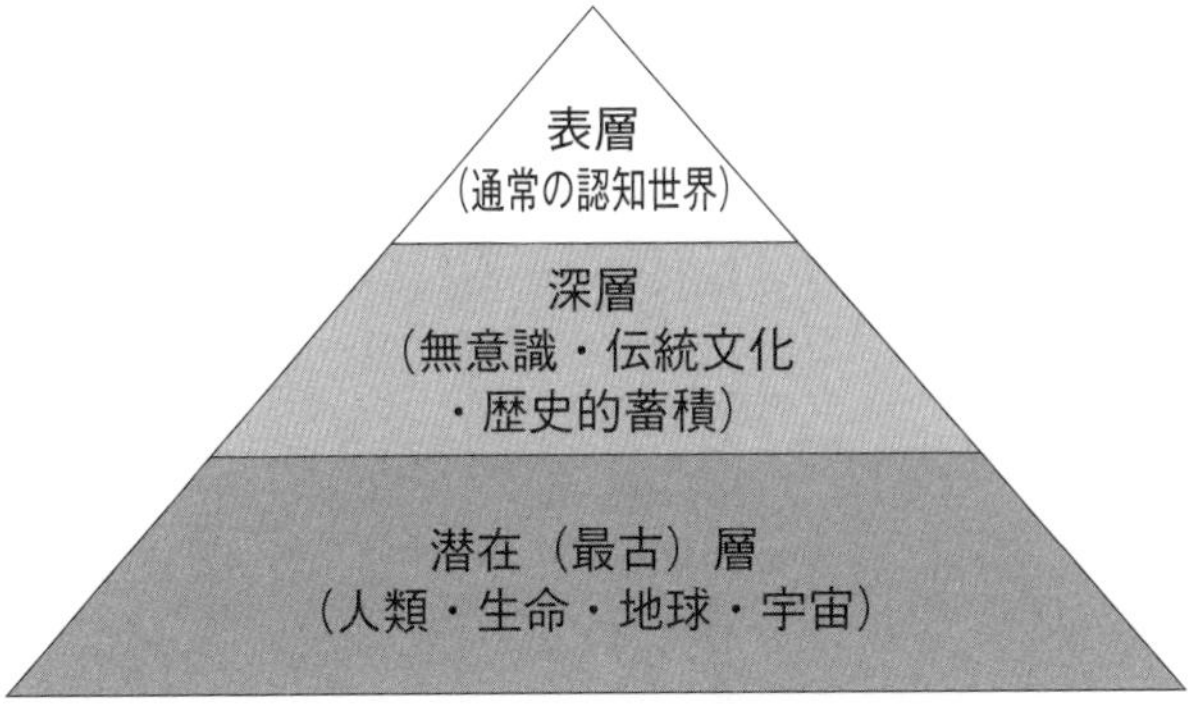

人間（私）を支える三層構造

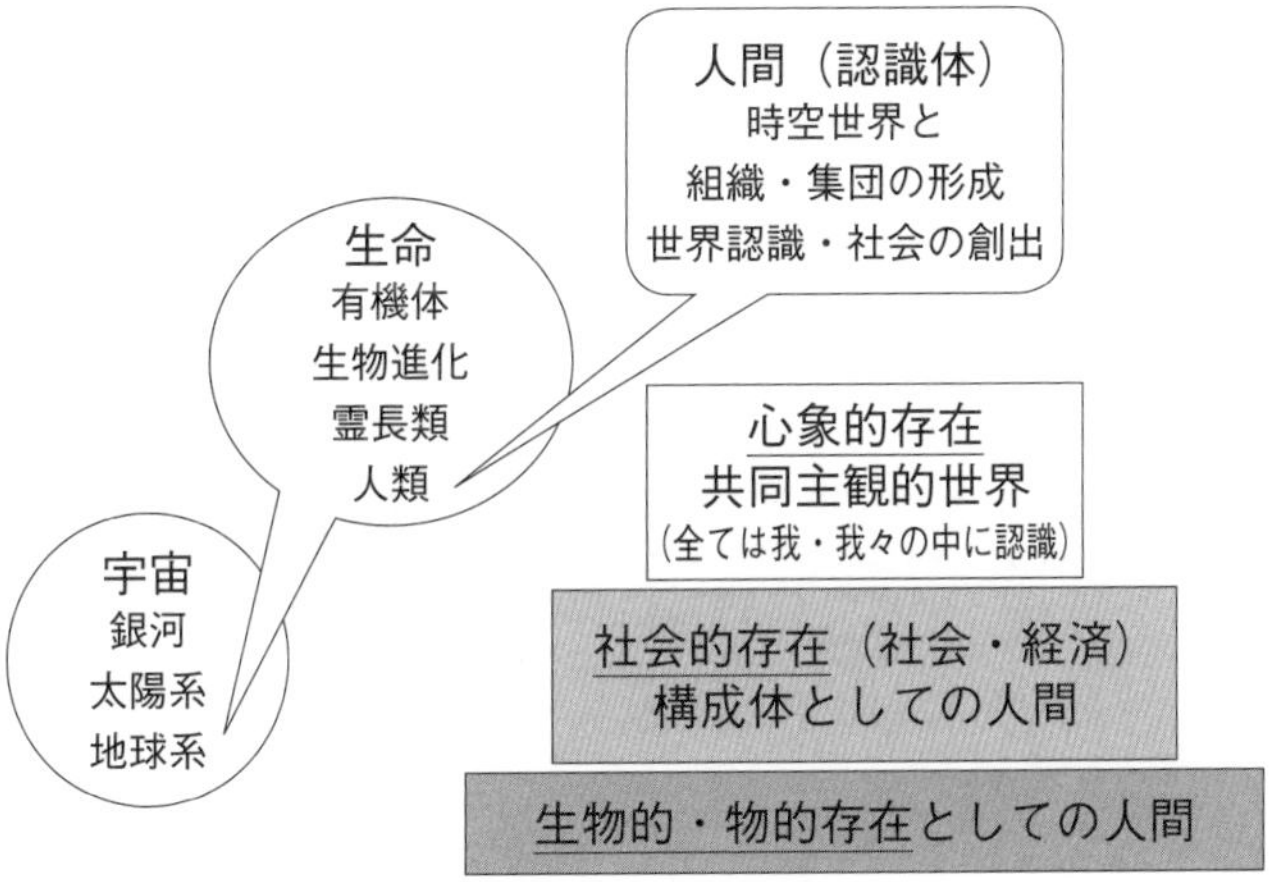

人間と世界の相互重層的関係

山の一角でしかないこと、奥底には宇宙的な関係性までもが深く潜在していることを表しています。

大海に浮かぶ一つの島の海岸を想い描いてみましょう。私たちは、そこの小さな砂粒のような存在として、世界を生きています。そうした一個人ではありますが、「井の中の蛙《かわず》大海を知らず」（井戸の中のカエルは大海の存在を知らない）という諺《ことわざ》に反して、私たちは井戸を越えて大海原を認識することができつつあります。いま新しく認識し始めたこの世界は、極小の素粒子から極大の宇宙までを含めた存在世界の全体領域にまで広がってきました。

このように奥深い世界認識を獲得しつつ、私たちは、あらためて自分たちの存在について、根源的な問いを突きつけられています。

2 人間存在を問いなおす時代に

無限の繁栄と成長拡大の道を歩みつつある現代文明は、破綻を迎えつつあるのかもしれません。人類が直面している危機とは、第一に生存環境の危機という土台の亀裂、第二にグローバル社会経済システムの歪み、そして第三に本書では表だってふれませんでしたが、人間存在の空洞化（実存的危機）として進行しているように思われます。

とくに日本では、３・11を契機にして近代文明が築き上げた構築物や便利さには、隠れていた脆弱《ぜいじゃく》さや落とし穴があることに私たちは気づかされました。とりわけ原発事故と放射能災害の恐ろしさは、チェルノブイリ原発事故の記憶も呼び起こし、日本人のみならず世界中の人類を震撼《しんかん》させました。また、世界が抱え込んでしまった核の脅威も見え隠れしています。手中にある核兵器という存在を今後どうするのか、私たちは向き合わざるをえない状況にあります。

人間が秘めている巨大な可能性と危険性、そのことへの自覚と洞察力が問われています。人間という存在は、道具や言葉を駆使して、自立的に周囲の環境を改変・改造し、社会集団を形成して活動を展開してきました。

自立的存在という意味では、人間は意志により対象を操作する力を発揮し、自然や世界を改変します。しかしその意志（自由）は、ときに自然や他者にとどまらず、自分自身さえ操作することもあり、ときに創造ではなく破壊、抹殺する力としても現れます。自死やジェノサイトは単純には語れませんが、可能性と危険性を合わせ持った人間が、いかに不安定な存在であるかの証でもあります。また、私たちの心、精神は、けっして確たる存在ではなく、微妙なバランスの上に支えられていることは、さまざまな精神疾患の発現を見れば明らかです。

悠久《ゆうきゅう》の歳月のなかで、人類はその不安定さや存在の揺らぎを克服すべく安定系を模索してきました。この安定系とは、歴史的には神への信仰など宗教的世界観を形成する動きであったり、道徳心や倫理意識を基礎において社会的な慣習や法制度などを成立させる動きでした。そうした積み重ねの上に社会的な安定性を築いてきましたが、それ自体が人間がつくり出した構成物であり不安定性を内在しているものなのです。

結果として、人々の自由意志の力のもとに再編成が行なわれ、その時々の安定系の姿を模索しながら、破壊と創造を繰り返してきたのでした。そのようにして、現在のような民主主義制度や政治体制が存在しているのです。

内向的な豊かさへ

目覚ましい発展ぶりを示してきた近代的人間は、その特徴として、目（指向性）を外に向けてきた傾向があります。今日、産業が発展して広域の市場が形成される経済システムの超肥大化や、自然を制御し環境を改変する科学技術力が巨大化して、「外向的発展」は目覚ましいものです。

対して、人間自身の存在への洞察力や制御力という「内向的発展」に関しては、相対的に貧弱な様相を呈しているように見えます。すでにふれたように、現実世界で地球環境問題、差別・貧困・格差問題、紛争や内戦などが深刻化するなかで、持続可能な発展への模索が続いていますが、調整されるには程遠い状況です。そうした困難な事態が、「外向」と「内向」の二つの発展方向が歪んでいる状況、非対称性を示しています。

人類は気候変動枠組み条約と生物多様性条約を、１９９２年の地球サミットにおいて成立させました。生物多様性条約では、他の生物種を絶滅させていくことへの歯止めがめざされています。しかし条約ができたにも関わらず、従来の自然支配と管理によるテクノロジー拡大の勢いはより強まっているのが現状です。遺伝子組み換え技術が普及し、近年はゲノム編集や合成生物学が隆盛して、生命そのものに対する操作が加速しています。また地球の気候を操作するジオ・エンジニアリング（地球工学）の研究なども進んでいます。こうした動きに対して枠をはめる制度形成が、国際環境条約や国連での取り決めなのですが、その実効性は弱いものでしかないのが現況です。

人間自身を取り巻く状況としても、ロボット技術などの発展はめざましく、人工知能の能力が２０４５年頃には人間の能力を超えるだろうとも言われています。自身が自分でつくり出したものによって滅ぶのではないか、私たちは人間とは何か、あらためて「自分自身を知る」ことの意味を深刻に問いかけられています。

矛盾のさなかにある私たちですが、すでに見てきたように、新しい世界の形成に向けて認識を革新させつつあります。認識レベルでは、近代の科学・技術的知性（分析知）にエコロジー的世界観（統合知）を融合させて、広義の「人・自然・宇宙」的世界観を確立しつつあるかにも見えます。変革に向けたビジョンについても、実践レベルで、持続可能《サステナブル》な開発（発展）をキーワードに多数の取り組みが動き出しています。

破綻と危機にむかうその一方で、人々の意識は徐々に物質（外向）的な豊かさから精神（内向）的な豊かさへ、量的な拡大から質的な深化への転換のような兆候が生じ始めているかにもみえます。「人類と地球の未来は我々の手中にある」という「２０３０アジェンダ」の言葉に示されているように、世界をどのように認識して構築していくのか、私たちはまさしく大きな岐路に立っています。

皆さんは、この世界をどのように認識し、人間の未来について、どう想われるでしょうか？

本書を締めくくるにあたり、「はじめに」で紹介した宮沢賢治の残した言葉に立ち返ります。『農民芸術論』から引用した言葉に続いて記されているのが、次の言葉です。

自我の意識は 個人から集団 社会 宇宙と次第に進化する…（中略）…新たな時代は世界が一の意識になり生物となる方向にある。正しく強く生きるとは 銀河系を自らのなかに意識して これに応じて行くことである…（後略）…

彼の残したこの言葉の意味を、どう考えるか。本書の冒頭で紹介した問い「みんな幸せとは？」と同様に、簡単には解けない奥深いメッセージだと思います。

〈終章のポイント〉

この世界との向き合い方については、実に多様で多元的なものです。序章で、世界認識を深めるために、「複眼知」、「批判（洞察）知」、「共感（包摂）知」を駆使すること、それによって複雑で理解が難しい事柄を見極めることの重要性を指摘しました。高度に複雑化している人間社会を理解するには、多元的視野からの総合的な理解が不可欠です。

人類社会は現在、きわめて困難な状況に直面しています。この21世紀を生きる私たちも、かつての賢治と同じように世界のあり方を問いながら一歩ずつ理想を追い求めていく道を、この三つの知を駆使して歩んで行こうではありませんか。

おわりに　共存学への誘い

本書のキーワード「共存」という言葉は、私がリーダーとして関わってきた國學院大學の学際的研究グループ、共存学プロジェクトが土台としてきたものです。冒頭でもふれましたが、現代という時代が「共生」という理想ではとらえがたい状況にあり、混迷期を迎えていることへの仕切りなおし的な意味をもちます。

「共存学」では、対立や敵対を回避しつつ、より創造的な関係性への契機を含み込んだ状況に光をあてて究明していくこと、多角的視点から世界をとらえなおす取り組みをしてきました。「共存」とは、「多様な人間集団（地域社会、国家、国際社会）の存在様式において、敵対的関係（他者の否認）ではなく、互いに存在を受け入れ（存在受容）、関係性を維持しつつ多様性構築の可能性を保持する様態」ととらえています。

人間の世界は複雑な関係、安定性を欠いた緊張状態を内在させています。そこに、協調的関係と秩序が形成される過程として、対立、敵対、諸矛盾の克服・調整を経つつ、安定性や持続性に向かう共存の関係が形成されてきました。そして、共存からより安定した共生の関係が模索されてきました。それは一方向的で単純な動きではなく、複雑なダイナミズムと矛盾を秘めた多義的・重層的な諸関係を内在させています。いわば「共生」にいたるまでには多義的な経過や展開があり、その原初的形態とも呼ぶべき「共存」をキーワードに、諸問題を探る試みとして共存学は構想されたのでした。

共存学の研究プロジェクトは、学際的研究をめざす取り組みとして2010年にスタートしました。巨大災害、多文化世界の軋轢《あつれき》、地域格差、地球環境問題など諸課題が山積している現代世界を前に、私たちはどう立ち向かっていくのか、あらためて過去・現在・未来を見すえた叡智を掘り起し、展望への道標を見出そうと学部や学問分野の壁を超えた研究活動として取り組まれました（國學院大學21世紀研究教育計画委員会研究事業の一つ）。

身の回りのローカルな世界からグローバルな世界までの空間的な広がり（縦軸）と、環境、経済、社会・文化などのテーマ（横軸）から、現代的課題に切り込んでいく学際領域の研究として、「共存学」は取り組まれました。

その成果は、すでに以下の4冊のシリーズ書籍として刊行されています。各巻には、國學院大學の研究者のみならず各方面で活躍されている研究者や畠山重篤さん（「森は海の恋人」代表）、渋澤寿一さん（「共存の森ネットワーク」理事長）など実践者も執筆しており、充実した興味深い内容が展開されていますので、機会があればぜひご一読下さい。

・『共存学：文化・社会の多様性』（國學院大學研究開発推進センター編、古沢広祐責任編集、弘文堂、2012年）
・『共存学2：災害後の人と文化、ゆらぐ世界』（同上、2014年）
・『共存学3：復興・地域の創生、リスク世界のゆくえ』（同上、2015年）
・『共存学4：多文化世界の可能性』（同上、2017年）

本書の内容は、既刊の共存学の研究内容と関わりつつもあくまで私の個人的な見解をまとめたものです。本書をきっかけとして、関心ある方は既刊の共存学の研究プロジェクトの諸成果についてもお目通しいただければ幸いです。

学部や学問分野を超えた共存学の研究プロジェクトの推進にあたっては、研究開発推進センター長の阪本是丸教授をはじめ、神道文化学部、法学部、文学部の諸先生方のご協力、ご支援がありましたこと、ここに感謝申し上げます。

本書の刊行に当たっては、時間的制約のなかで読みやすい文章にしていただいた編集者の市川はるみさん、「ほんの木」社長の高橋利直さん、岡田承子さん、そして刊行への支援をいただいた國學院大學副学長の石井研士教授のお力添えがありましたことを、ここに明記し感謝の意を表します。

古沢広祐　ふるさわこうゆう

1950年東京生まれ。國學院大學経済学部教授。大阪大学理学部（生物学科）卒業、京都大学大学院農学研究科（農林経済）研究指導認定、農学博士。環境問題、農業・食料問題、社会運動、協同組合・NGO・NPOなどを参加型研究する。

持続可能社会論、環境社会経済学、総合人間学。

学外活動ではNPO「環境・持続社会」研究センター（JACSES）代表理事、NPO日本国際ボランティアセンター（JVC）理事、（一社）市民セクター政策機構理事などを務める。

著書に『食べるってどんなこと?』（平凡社）、『地球文明ビジョン』（NHKブックス）、『共生時代の食と農』（家の光協会）、『共生社会の論理』（学陽書房）、共著に『共存学1～4』（弘文堂）、『共生社会Ⅰ、Ⅱ』（農林統計出版）、『持続可能な生き方をデザインしよう』（明石書店）ほか多数。

みんな幸せってどんな世界　共存学のすすめ

二〇一八年三月三〇日　第一刷発行

著者　古沢広祐
発行人　高橋 利直
編集　市川はるみ
業務　岡田 承子
発行所　株式会社ほんの木
〒一〇一-〇〇四七 東京都千代田区内神田一-一二-一三 第一内神田ビル二階
電話 〇三-三二九一-三〇一一　ファックス 〇三-三二九一-三〇三〇

装幀　クリエイティブ・コンセプト（江森恵子）

組版・印刷　東光整版印刷株式会社

 printed in Japan　ISBN 978-4-7752-0111-4　C0030

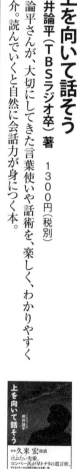

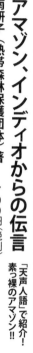

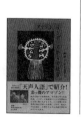

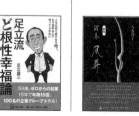

〈お問い合わせ〉株式会社ほんの木
〒101-0047 東京都千代田区内神田1-12-13 第一内神田ビル2階
TEL 03-3291-3011　FAX 03-3291-3030　メール info@honnoki.co.jp